古代歷史文化 研究輯刊

二三編

王明蓀 主編

第 8 冊

明清天津駐軍研究（1368～1840）（上）

李鵬飛 著

國家圖書館出版品預行編目資料

明清天津駐軍研究（1368～1840）（上）／李鵬飛 著 — 初
版 — 新北市：花木蘭文化事業有限公司，2020〔民 109〕
目 4+152 面；19×26 公分
（古代歷史文化研究輯刊 二三編：第 8 冊）
ISBN 978-986-518-033-1（精裝）
1. 軍事史 2. 天津市
618　　　　　　　　　　　　　　　　　　　　109000477

古代歷史文化研究輯刊
二三編　第 八 冊　　　　ISBN：978-986-518-033-1

明清天津駐軍研究（1368～1840）（上）

作　　者　李鵬飛
主　　編　王明蓀
總 編 輯　杜潔祥
副總編輯　楊嘉樂
編　　輯　許郁翎、張雅淋　美術編輯　陳逸婷
出　　版　花木蘭文化事業有限公司
發 行 人　高小娟
聯絡地址　235 新北市中和區中安街七二號十三樓
　　　　　電話：02-2923-1455／傳真：02-2923-1452
網　　址　http://www.huamulan.tw 信箱 hml 810518@gmail.com
印　　刷　普羅文化出版廣告事業
初　　版　2020 年 3 月
全書字數　264394 字
定　　價　二三編 21 冊（精裝）台幣 55,000 元　　　　版權所有・請勿翻印

作者簡介

李鵬飛，男，1979 年 8 月生，山西省芮城縣人，2002 年 6 月畢業於解放軍理工大學機械指揮專業，後於解放軍 63872 部隊服役，2010 年 7 月畢業於山西大學中國古代史專業，獲碩士學位，2013 年 6 月畢業於南開大學中國古代史專業，獲博士學位，2016 年 2 月進入河南大學中國史博士後流動站學習，現爲周口師範學院講師。主持國家社會科學基金一般項目「明代軍政條例研究」（17BZS054），獨力點校乾隆《陳州府志》（中州古籍出版社，2019 年），發表學術論文十餘篇。

提　　要

　　天津北依燕山，南達華北平原腹地，西連京津走廊，東臨渤海灣，地理環境得天獨厚。明、清兩朝均建都北京，天津作爲京師門戶，其戰略地位極端重要。明、清時期天津地區均駐守了大量兵力，與之相伴，天津地區人口開始增加，各種機構逐步設立。明、清時期天津地區的軍隊承擔著防守、作戰、屯田、漕運、修城、治河等各項任務，這一方面保障了地方的和平安寧，另一方面又爲天津地區的社會發展做出了積極貢獻，天津的社會、文化事業逐步發展，至清代乾隆、嘉慶時期天津已發展成爲具有重要軍事、經濟地位的大都會。駐軍對明、清時期天津地區的發展具有重要作用，值得我們認眞總結。

　　全書分上、下兩編，共十一章，加上緒論、結論共十三部分。緒論首先介紹本書的選題緣由、研究對象，然後對相關研究成果進行學術史回顧。鑒於明、清兩代軍事制度的巨大差異，本書分上、下兩編分別對明、清兩代天津地區駐軍的軍事建置、軍隊人數、承擔任務、武器裝備、軍事工程、軍餉供應等進行研究，由於鴉片戰爭前，清代天津軍事地位的下降，所以本書下編的篇幅明顯少於上編。結論部分對明、清時期天津地區軍事變化進行總結，展現明、清時期天津軍事發展、變化的全貌，並揭示其內在的歷史動因，以爲今天天津的發展提供歷史借鑒。

目

次

上　冊

緒　論 ………………………………………………………… 1

　　一、選題緣由與研究選題 …………………………… 1

　　二、學術史回顧 ………………………………………… 3

第一章　明代天津地區衛所駐軍與民兵 ………………… 7

　第一節　明代天津地區的衛所設置 ………………… 7

　第二節　明代天津地區衛所軍官 …………………… 11

　　一、明代天津地區衛所軍官人數 ………………… 11

　　二、明代天津地區衛所軍官祖貫 ………………… 15

　第三節　明代天津地區衛所軍士 …………………… 21

　第四節　明代天津地區的民兵 ……………………… 25

第二章　明代營兵制下的天津地區駐軍 ………………… 29

　第一節　營兵制下的天津軍隊 ……………………… 29

　　一、主兵 …………………………………………… 29

　　二、客兵 …………………………………………… 37

　第二節　天津營兵文職領導官員 …………………… 41

　　一、巡撫 …………………………………………… 41

　　二、兵備道 ………………………………………… 46

　第三節　天津營兵武職指揮官員 …………………… 59

　　一、薊州鎮守 ……………………………………… 59

二、總兵 ································· 62

三、參將 ································· 63

四、守備 ································· 66

第四節　天津監軍官員 ····················· 69

一、監軍御史 ····························· 69

二、監軍道 ······························· 70

三、監軍內臣 ····························· 71

第三章　明代天津地區軍隊承擔的任務 ········· 73

第一節　作戰 ····························· 73

一、「靖難」之役中天津地區的戰事 ········ 73

二、征劉六、劉七 ························· 74

三、征徐鴻儒 ····························· 76

四、征孔有德 ····························· 77

五、明末天津地區的戰事 ················· 79

第二節　防海 ····························· 83

一、洪武至萬曆前期 ····················· 83

二、援朝禦倭戰爭時期 ··················· 85

三、萬曆後期至崇禎時期 ················· 91

第三節　屯田 ····························· 96

一、明代天津地區軍事屯田的開端 ········ 96

二、明代天津地區軍事屯田的發展 ········ 98

三、明代天津地區軍事屯田的廢壞 ········ 100

四、明末天津地區軍事屯田的勃興 ········ 104

第四節　物資運輸 ························· 109

一、漕運 ································· 109

二、關運與鮮運 ··························· 111

第五節　班操 ····························· 116

一、京操 ································· 116

二、入衛薊鎮 ····························· 123

三、戍守其他地區 ························· 126

第六節　各項差役 ························· 127

一、差役種類 ····························· 127

二、差役之弊 ····························· 138

第四章　明代天津地區駐軍的武器裝備 ············ 141

第一節　明代天津地區駐軍的武器 ············· 141

第二節　明代天津地區的軍馬 ··············· 146

下　冊

第五章　明代天津地區軍事工程 ·············· 153

第一節　天津衛城 ····················· 153

第二節　天津海防工事 ·················· 161

第三節　薊州邊牆 ···················· 162

第六章　明代天津地區軍餉供應 ·············· 169

第一節　軍餉來源 ···················· 169

　一、屯糧 ························ 169

　二、民運 ························ 173

　三、京運 ························ 177

　四、鹽糧與鹽課 ··················· 183

　五、漕運 ························ 187

　六、其他地區協濟 ·················· 189

第二節　軍餉管理 ···················· 190

第三節　軍餉發放 ···················· 195

　一、軍餉發放標準 ·················· 195

　二、賞賜 ························ 201

　三、軍餉發放存在的問題 ·············· 202

第七章　清代天津地區駐軍 ················ 205

第一節　清代對明代軍制的改革 ············· 205

　一、衛所制度的變革 ················· 205

　二、軍事領導官職的變革 ·············· 206

第二節　清代天津地區駐防八旗 ············· 212

　一、寶坻駐防營 ··················· 212

　二、天津水師營 ··················· 214

第三節　清代天津地區綠營兵 ·············· 224

　一、天津鎮 ····················· 224

　二、天津河標營 ··················· 239

三、薊州綠營 ……………………………… 241
第八章　清代天津地區駐軍承擔的任務………… 247
　第一節　防海 ……………………………… 247
　第二節　作戰 ……………………………… 252
　第三節　維護治安 ………………………… 253
　第四節　各項差役 ………………………… 255
　　一、防守之役 …………………………… 255
　　二、捕蝗之役 …………………………… 256
第九章　清代天津地區駐軍的武器裝備………… 259
　第一節　清代天津地區駐軍的武器 ……… 259
　第二節　清代天津地區的軍馬 …………… 260
第十章　清代天津地區軍事工程………………… 263
　第一節　城池 ……………………………… 263
　　一、天津城 ……………………………… 263
　　二、薊州城 ……………………………… 265
　第二節　其他軍事設施 …………………… 266
第十一章　清代天津地區軍餉供應……………… 269
　第一節　米糧來源 ………………………… 269
　　一、天津漕運 …………………………… 269
　　二、薊運糧 ……………………………… 270
　第二節　餉銀來源 ………………………… 272
　　一、藩庫收入 …………………………… 272
　　二、生息銀 ……………………………… 273
　　三、雜項收入 …………………………… 275
　第三節　軍餉發放 ………………………… 275
　　一、發放制度 …………………………… 275
　　二、八旗兵軍餉 ………………………… 276
　　三、綠營兵軍餉 ………………………… 278
　　四、賞賜與撫恤 ………………………… 278
結　論 …………………………………………… 281
參考文獻 ………………………………………… 285

緒　論

一、選題緣由與研究選題

　　天津北依燕山，南達華北平原腹地，西連京津走廊，東臨渤海灣，地理環境得天獨厚。金、元、明、清四個朝代均建都北京，天津作爲京師門戶，其戰略地位極端重要。明代洪武至永樂初年，在今天津境內設置了薊州衛、天津衛、天津左衛、天津右衛、武清衛、鎮朔衛、營州右屯衛和梁城守禦千戶所等衛所，這些衛所承擔著戍守、海防、屯田、作戰、漕運、修城、治河等任務，隨著形勢發展的需要，戶部分司、衛學、兵備道、巡撫、武學、總兵官、督餉道等相繼設立，這些機構、官員都與軍事緊密相關，這是天津城市發展到一定程度的反映，同時又進一步促進了天津城市的發展。

　　進入清代，天津的衛所機構被裁革，雍正年間設置府、縣，天津完成了軍衛建制向行政建制的轉變。清代前期在今天津地區設置了駐防八旗和綠營兵，這是一種與明代衛所制度不同的軍事制度，由於內外形勢的變化，駐防八旗和綠營兵所承擔的任務與明代軍隊既有相同的一面，同時又有很大的不同。從明代開國至清代鴉片戰爭前，近五百年的歷史中，今天津地區的武裝力量、軍事設施、軍事編制和體制等均發生了很大變化。

　　駐軍在天津的城市發展史上具有重大的歷史作用，對明、清時期的天津駐軍進行研究將有助於深化天津史研究的內容。同時，天津具有獨特的地理位置，東部是海防重地，北部薊縣在明代屬於九邊重鎮薊鎮的一部分，腹地在明、清時期由衛城發展成爲北方具有重要經濟、軍事地位的大都會，獨特的地理位置使天津具有重要的戰略地位，深入研究明、清時期天津的駐軍，將有助於推進明、清時期的邊防、海防、軍事制度、軍事戰略和軍事思想等

方面的研究。因此，選擇明、清天津駐軍進行研究，對於天津地方史和明、清軍事史的研究都具有一定的學術意義。

本文研究對象爲明清時期的天津駐軍，爲使研究的目標準確、清晰，首先應該對研究對象進行明確界定。首先在時間範圍上，1840 年之前中國軍事處於傳統的自身發展時期；而 1840 年之後中國開始面對一個新的世界，中國軍事在各種壓力之下，開始走上與西方世界碰撞、交流的近現代發展階段，軍隊的體制、編制、訓練、裝備等方面均發生了重大變化，與鴉片戰爭之前相比有很大不同。由於筆者才疏學淺，難以兼顧 1840 年前後兩個階段，所以本文研究的時間段上限爲明代開國之 1368 年，下限爲清代鴉片戰爭爆發前之1840 年。

其次，在空間範圍上，現在天津行政區劃包括紅橋、河北、河東、河西、和平、南開等市內六區，寶坻、武清、北辰、東麗、津南、西青等環城六區，以及濱海新區、薊縣、寧河縣、靜海縣等區縣。而明清時期這些區域的區劃、歸屬卻與現在有很大不同，明代天津衛城位於南運河以南，屬於北直隸河間府靜海縣地域，河之北則爲北直隸順天府武清縣地，這時「天津」僅爲軍衛名稱，尚不是地理名詞。進入明代中期以後，隨著天津三衛所在區域社會的發展，人員、物資交流的擴大，戰略地位的提升，「天津」才逐漸作爲地名使用，然而整個明代天津始終未能成爲獨立的行政區劃。現在的天津地區在明代的行政區劃爲，現在的薊縣在明代爲北直隸順天府薊州州治所在，現在的武清、寶坻、寧河等地在明代由北直隸順天府通州管轄，而且明代尚無寧河縣的設置。靜海、津南、西青以及濱海新區的大部在明代則屬於北直隸河間府靜海縣。進入清代，隨著天津地方軍事色彩的逐漸淡化，民眾、社會對這一區域發展的重要性開始突出，雍正三年（1725）天津衛改爲天津州，先爲河間府屬州，同年改爲直隸州，轄武清、靜海、青縣三縣。雍正四年，武清縣還屬順天府。雍正九年，天津州升爲天津府，轄天津、靜海、青縣、滄州、南皮、鹽山、慶雲等州縣。薊州在清代屬順天府，初領遵化、豐潤、玉田、平谷四縣，後四縣先後劃出，薊州成爲散州。除武清縣曾一度隸屬天津府外，武清、寶坻、寧河三縣在清代均屬順天府。

本文按照地方史研究的範式，以現行天津行政區劃爲準，追溯明清時期與之對應的地理範圍及其行政區劃。由於古今行政區劃的變化，現在天津各區縣在明、清兩代曾分屬不同的行政區劃，而且多有變化，不僅明代的天津、

清代的天津、現在的天津各不相同，即使明、清每個朝代不同時期的天津也有不同，這種變化給文章的表述造成一定麻煩。爲避免引起誤解，文中「天津地區」包括現在天津行政區劃內所轄的各區縣，而「天津」則根據情況指不同歷史時期的天津。

二、學術史回顧

　　關於明代天津駐軍，此前尚無專門性的研究論著，多是在天津城市史、軍事史、人口史總體性研究論著中附帶涉及。就著作而言，萬新平、濮文起的《天津史話》論述了明代天津的發展狀況，對明代天津三衛、兵備道、薊鎮駐防、漕運、天津總兵、天津巡撫、重大戰事均有涉及〔註1〕。天津社會科學院歷史研究所編寫組編著的《天津簡史》對明、清時期天津三衛和兵備道的設立、軍屯的發展、抗倭防遼戰爭中天津的戰略地位、明代群眾暴動、清代民眾抗清鬥爭，以及天津從衛所向行政區劃的轉變，均有一定論述〔註2〕。方放主編的《天津黃崖關長城志》對明代薊鎮長城、寨堡、墩臺和烽燧等的修築，以及明代今薊縣境內長城戍卒、兵器、糧餉狀況，進行了考察，並附有碑刻和繪圖，填補了薊縣軍事研究的空白〔註3〕。郭蘊靜主編的《天津古代城市發展史》對明、清時期天津三衛、春秋游擊營、戶部分司、兵備道、總兵、巡撫等的設立，以及明代禦倭援朝戰爭、明清易代戰爭、清代天津軍事部署等均有論述，展示了明、清時期天津的軍事發展及其對天津社會發展的歷史作用〔註4〕。南炳文、高洪鈞、王鴻濤所著的《天津古代人物錄》依據方志、正史、文集、筆記、雜錄等，收錄了鴉片戰爭前的天津古代人物，其中包括明清時期天津諸多軍事人物，並對其事蹟進行了考察〔註5〕。張樹明的《天津土地開發歷史圖說》對明、清時期天津的衛城建設和屯田狀況有所論述，圖文並茂，內容詳實〔註6〕。張巨文主編的《天津通志·軍事志》對明清時期天津的駐軍、防禦設施、兵役制度、軍事訓練、地方武裝和重要戰事都有介

〔註1〕萬新平、濮文起：《天津史話》，上海：上海人民出版社，1986年。
〔註2〕天津社會科學院歷史研究所編寫組：《天津簡史》，天津：天津人民出版社，1987年。
〔註3〕方放：《天津黃崖關長城志》，天津：天津古籍出版社，1988年。
〔註4〕郭蘊靜：《天津古代城市發展史》，天津：天津古籍出版社，1989年。
〔註5〕南炳文、高洪鈞、王鴻濤：《天津古代人物錄》，天津：天津人民出版社，1993年。
〔註6〕張樹明：《天津土地開發歷史圖說》，天津：天津人民出版社，1998年。

紹，並有明清時期天津重要軍事人物的傳記，內容較為豐富〔註7〕。韓嘉穀《天津古史尋繹》以一章的篇幅論述了明、清時期的天津發展狀況，對這一時期天津三衛、薊鎮長城、漕運、屯田、海防等均有所涉及〔註8〕。高艷林的《天津人口研究（1404～1949）》對明代天津三次大規模的軍事移民、清代天津軍事建制、衛所改制等方面均進行了深入而縝密的研究，解決了明清天津軍事史研究上的諸多難題〔註9〕。來新夏、郭鳳岐《天津的城市發展》敘述了天津巡撫汪應蛟在屯田上的作為〔註10〕。

　　相關的研究論文方面，于鶴年的《天津衛考初稿》是研究天津衛的一篇早期論文，全文分九個部分，文章從金元時期直沽的軍事地位開始展開研究，對明代天津衛的創置、軍政、運糧、屯田、鹽政，以及清代天津衛的沿革演變，進行了開拓性的研究，內容豐富、全面〔註11〕。卞僧慧的《天津城市發展史管窺（上）》將天津城市發展劃分為聚落寨鎮階段和城市階段，明代屬於天津歷史上的城市初建時期，衛所設置、城池構築、戶部分司和兵備道的設立、抗倭援朝中天津地位的凸顯，使天津的城市發展程度逐步提高〔註12〕。靳潤成的《明代天津巡撫及其轄區》探尋了明代天津巡撫的設置時間和轄區變化，進而論述了天津巡撫設立的歷史意義〔註13〕。南炳文的系列論文《關於天津設衛建城史的幾個問題》《解開天津右衛創建史上的兩個謎團》《解釋關於天津設衛建城紀念日的一個疑點》《釋天津永樂二年設衛建城說的又一個疑點》《釋天津衛永樂三年創建說》《天津史上不應忘卻的一個人物》《陳瑄未參加永樂天津築城考》《陳瑄未參加永樂天津築城再考》對明初天津設衛築城的歷史進行了深入的研究，解決了諸多懸而未決的問題，對於天津軍事史和城市史的研究具有重要意義〔註14〕。肖立軍、張麗紅的《明代的天津總兵官》探討了明代天津總兵官的設置緣由、任職情況及歷史作用〔註15〕。肖立軍、王錫超的《明代天津築城置衛若干問題考辨》對黃福修築天津衛城的觀點提出了

〔註7〕 張巨文：《天津通志・軍事志》，天津：天津社會科學院出版社，2001年。
〔註8〕 韓嘉穀：《天津古史尋繹》，天津：天津古籍出版社，2006年。
〔註9〕 高艷林：《天津人口研究（1404～1949）》，天津：天津人民出版社，2002年。
〔註10〕 來新夏、郭鳳岐：《天津的城市發展》，天津：天津古籍出版社，2004年。
〔註11〕 于鶴年：《天津衛考初稿》，《河北月刊》，1934年第3、4期。
〔註12〕 卞僧慧：《天津史地知識》（一），1987年。
〔註13〕 靳潤成：《明代天津巡撫及其轄區》，《歷史教學》，1996年第8期。
〔註14〕 南炳文：《明史新探》，北京，中華書局，2007年。
〔註15〕 肖立軍、張麗紅：《明代的天津總兵官》，《歷史教學》，2008年第4期。

質疑，並認爲天津衛城正式興建於永樂二年，永樂三年營建進入高潮〔註16〕。陳潔的《明代天津巡撫》研究了明代天津巡撫的設置和職掌情況，文章以時間爲序，考察了萬曆、天啓、崇禎三朝天津巡撫的任職、職權、轄區和政績，探討了巡撫設置對於天津地區地位的提升和發展的重要促進作用〔註17〕。韓帥的《明代的天津兵備道》考察了天津兵備道的設立和沿革，並對天津兵備道的職責進行了研究，認爲天津兵備道的設立有效地整合了地方權力，有利於處理地方上的複雜問題〔註18〕。

　　通過對明清天津駐軍研究的考查，我們可以發現，經過學者們的辛勤耕耘，有關明清時期天津駐軍的研究已取得一定成果，這些都爲未來的研究奠定了較爲堅實的基礎。同時，這些研究或屬於關涉性論著，或就明清天津駐軍的某一問題進行專門性研究，而未對明清天津駐軍進行系統的發掘、整理，明清天津駐軍許多方面仍沒有得到深入的研究。因此，明清天津駐軍研究存在著很大的拓展空間，有必要對此進行更加深入的研究。

〔註16〕　肖立軍、王錫超：《明代天津築城置衛若干問題考辨》，《天津師範大學學報（社會科學版）》，2010 年第 5 期。
〔註17〕　陳潔：《明代天津巡撫》，南開大學 2010 屆碩士論文。
〔註18〕　韓帥：《明代的天津兵備道》，《山東行政學院學報》，2011 年第 1 期。

第一章　明代天津地區衛所駐軍與民兵

第一節　明代天津地區的衛所設置

　　迄今發現天津軍事設置最早的記載是金代,「完顏佐,本姓梁氏,初爲武清縣巡檢。完顏咬住,本姓李氏,爲柳口鎭巡檢。久之,以佐爲都統,咬住副之,戍直沽寨。」〔註1〕進入元代,天津在軍事上的地位更加重要。元仁宗延祐三年(1316)正月,改直沽爲海津鎭〔註2〕。元順帝至正九年(1349)四月,立鎭撫司於直沽海津鎭〔註3〕。至正十三年四月,命南北兵馬司各分官一員,就領通州、漷州、直沽等處巡捕官兵,往來巡邏,給分司印,一同署事,半載一更〔註4〕。至正十五年四月,命樞密院添設僉院一員、判官二員,直沽分樞密院添設副使一員、都事一員〔註5〕。六月,命知樞密院事買閭以兵守直沽,命河間鹽運使拜住、曹履亨撫諭沿海灶戶,俾出丁夫從買閭征討〔註6〕。

　　衛所制度是明代基本的軍事制度,洪武時期隨著對各地的陸續征服,衛所制度也開始推行於新的統治區域。建文時期時勢動盪,朱棣即位後,開始

〔註1〕脫脫:《金史》卷一〇三《完顏佐傳》,北京:中華書局,1975年,第2273頁。
〔註2〕宋濂:《元史》卷二五《仁宗本紀二》,北京:中華書局,1976年,第572頁。
〔註3〕宋濂:《元史》卷四二《順帝本紀五》,第886頁。
〔註4〕宋濂:《元史》卷四三《順帝本紀六》,第909頁。
〔註5〕宋濂:《元史》卷四四《順帝本紀七》,第923頁。
〔註6〕宋濂:《元史》卷四七《順帝本紀十》,第976頁。

對衛所的設置進行大規模調整。由於天津地區「東臨海，西臨河，南通漕粟，北近上都」〔註7〕，地理位置相當重要，天津地區的衛所也在洪武、建文、永樂時期陸續設立或徙置。洪武四年（1371）七月，設立薊州衛指揮使司〔註8〕，衛治薊州，初隸燕山都衛，洪武八年改隸北平都司，永樂元年（1403）二月改隸北京留守行後軍都督府。靖難之役後，朱棣將 36 萬人的部隊分置 78 衛，於順天府所屬州縣地方安插，給賜屯田、牧地，均屬三千營統轄〔註9〕。建文二年，朱棣在寶坻縣東南設置梁城守禦千戶所，「在寶坻縣東南一百四十里，洪武三十三年建，屬後軍都督府」〔註10〕。關於梁城所的軍事作用，袁黃有如下評述：「國家所置之城池，有關係一方之利害者，有關係數十百里之利害者，如寶坻之縣之城則關係一方之利害者，一縣令守之足矣，梁城之所之城則關係數十百里之利害者，蓋海賊登岸，必由梁城所而入，於此不戒，且暮間即薄京城矣，是所守者雖一城，而所庇者則不啻數十百里也。」〔註11〕由於天津地理位置十分重要，所以永樂初年朱棣在此陸續設置了天津衛、天津左衛、天津右衛共三個軍衛，永樂二年十一月，朱棣「以直沽海運商舶往來之衝，宜設軍衛，且海口田土膏腴，命調緣海諸衛軍士屯守」，遂於直沽設置天津衛〔註12〕。同年十二月，又設立天津左衛〔註13〕。永樂四年十一月，改青州右衛爲天津右衛〔註14〕。對此天啓時期天津巡撫李邦華有如下論述，「祖宗朝所以不置州縣而置衛者，以此地東臨海，西臨河，南通漕粟，北近上都，武備不可一日弛也」〔註15〕。天津衛、天津左衛、天津右衛均設有經

〔註7〕 李邦華：《文水李忠肅先生集》卷三《撫津荼言·修造城垣疏》，《四庫禁燬書叢刊》集部第 81 冊，北京：北京出版社，1997 年，第 147 頁。

〔註8〕 《明太祖實錄》卷六七，洪武四年七月辛未，中央研究院歷史語言研究所校勘本，1962 年，1259 頁。

〔註9〕 孫承澤：《天府廣記》卷三二《五軍都督府》，北京：北京古籍出版社，1984 年，第 408 頁。

〔註10〕 李賢：《大明一統志》卷一《順天府·公署》，臺北：臺聯國風出版社，1977 年，第 1 冊，第 98 頁。

〔註11〕 劉邦謨、王好善：《寶坻政書》卷一〇《倭防初議》，《北京圖書館古籍珍本叢刊》第 48 冊，北京：書目文獻出版社，1987 年，第 400 頁。

〔註12〕 《明太宗實錄》卷三六，永樂二年十一月己未，臺北：中央研究院歷史語言研究所校勘本，1962 年，第 628 頁。

〔註13〕 《明太宗實錄》卷三七，永樂二年十二月丙子，第 632 頁。

〔註14〕 《明太宗實錄》卷六一，永樂四年十一月甲子，第 882 頁。

〔註15〕 李邦華：《文水李忠肅先生集》卷三《撫津荼言·修造城垣疏》，第 147 頁。

歷司、鎮撫司及左、右、中、前、後五個千戶所〔註16〕。

　　根據《大明一統志》記載，天津三衛均位於靜海縣北九十里小直沽〔註17〕。除天津三衛外，這一時期天津腹地的武清縣也設立了武清衛，《明太宗實錄》卷四七永樂三年冬十月戊子條有如下記載，置北京武清衛經歷司經歷一員。同書卷五一永樂四年二月乙酉條載，命兵部以有罪當謫戍者實新設武清衛，可知武清衛當設立於永樂三年十月前不久。《大明一統志》記載，武清衛位於武清縣治東，公署建於永樂四年〔註18〕。天津衛、天津左衛、天津右衛和武清衛均直隸後軍都督府。

　　以上是洪武、建文、永樂時期設置於天津地區的衛所，除了這些衛所外，朱棣在「靖難」之役後對北部地方的都司、衛所進行重新調整，建文四年九月，朱棣命都督陳用、孫岳、陳賢移山西行都司所屬諸衛官軍於北平之地，其中鎮朔衛移於薊州〔註19〕，位於今天津境內。永樂元年二月，鎮朔衛改隸留守行後軍都督府〔註20〕。永樂元年三月，朱棣將北平行都司內徙於保定，改名大寧都指揮使司，其原轄衛所或遷或廢，其中營州右屯衛內遷於薊州〔註21〕，仍隸大寧都司。《明太宗實錄》記載，永樂元年十二月「復營州右屯衛」〔註22〕，可知營州右屯衛從大寧內遷於薊州用了較長時間。由於鎮朔衛、營州右屯衛的徙置，薊州便有薊州衛、鎮朔衛和營州右屯衛三個軍衛，《讀史方輿紀要》記載了薊州三個軍衛的設置情況，「薊州衛，在州治東北。洪武八年建。鎮朔衛，在薊州衛西。永樂中建。又營州右屯衛，在州治北。本在大寧衛境，永樂二年移建於此」〔註23〕。

　　《明實錄》《讀史方輿紀要》等書均有明代天津各衛所設置情況的記載，為清楚、直觀地瞭解明代天津地區各衛所的設置情況，現將各書中所載天津地區各衛所的相關信息製成下表：

〔註16〕郜相、樊深：(嘉靖)《河間府志》卷四《宮室志·公署·靜海縣》，《四庫全書存目叢書》史部第192冊，濟南：齊魯書社，1996年，453頁。
〔註17〕李賢：《大明一統志》卷二《河間府·公署》，第1冊，第220頁。
〔註18〕李賢：《大明一統志》卷二《順天府·公署》，第1冊，第97頁。
〔註19〕《明太宗實錄》卷一二下，洪武三十五年九月乙巳，第223頁。
〔註20〕《明太宗實錄》卷一七，永樂元年二月辛亥，第302頁。
〔註21〕《明太宗實錄》卷一八，永樂元年三月壬午，第320頁。
〔註22〕《明太宗實錄》卷二六，永樂元年十二月己卯，第478頁。
〔註23〕顧祖禹：《讀史方輿紀要》卷一一《北直隸二·順天府》，北京：中華書局，2005年，第504頁。

表 1-1　明代天津地區衛所一覽表

衛所	設置（或徙置）時間	隸屬
薊州衛	洪武四年七月設置	後軍都督府
梁城守禦千戶所	建文二年設置	後軍都督府
鎮朔衛	建文四年九月徙置	後軍都督府
營州右屯衛	永樂元年三月徙置	大寧都司
天津衛	永樂二年十一月設置	後軍都督府
天津左衛	永樂二年十一月設置	後軍都督府
天津右衛	永樂四年十一月設置	後軍都督府
武清衛	永樂三年設置	後軍都督府

注：上表根據《明太祖實錄》卷六七、《明太宗實錄》卷一二下、《明太宗實錄》卷一七、《明太宗實錄》卷一八、《明太宗實錄》卷三六、《明太宗實錄》卷三七、《明太宗實錄》卷四七、《明太宗實錄》卷五一、《明太宗實錄》卷六一、《讀史方輿紀要》卷一一《北直隸二‧北直》等製成。

　　天津衛、天津左衛、天津右衛公署均位於河間府靜海縣小直沽天津衛城內，具體設置情況為：（一）天津衛公署在衛城內西北，由指揮倪興修建於永樂三年，成化二十年（1484）指揮倪雄、鎮撫蕭勇重修。（二）天津左衛公署在天津衛東，由指揮袁得建於永樂三年。（三）天津右衛公署在天津衛西，由指揮楊運建於永樂四年。成化二十年，指揮呂昂重修〔註 24〕。天津三衛公署位置集中，而明代天津地區其他幾個衛所則散處各地，我們再繼續查閱史書，來探尋這些衛所公署的具體位置，現根據各書中的相關記載，將明代天津地區各衛所的公署情況製成下表：

表 1-2　明代薊州衛、營州右屯衛、鎮朔衛公署設置情況表

衛所	公署位置	修建時間	資料來源
薊州衛	薊州治東北	洪武八年	《大明一統志》卷一《直隸‧順天府‧公署》、《讀史方輿紀要》卷一一《北直二‧順天府》。
梁城守禦千戶所	寶坻縣治東南 140 里	建文二年	
營州右屯衛	薊州治北	永樂二年	
鎮朔衛	薊州衛西	永樂時期	
武清衛	武清縣治東	永樂四年	

〔註24〕杜應芳、陳士彥：（萬曆）《河間府志》卷三《宮室志‧公署》，萬曆四十三年刻本，第20～21頁。

需要說明的是，《大明一統志》《讀史方輿紀要》中所載武清衛衛署的位置均相同，嘉靖《通州志略》中的記載則更加詳細。根據嘉靖《通州志略》記載，武清衛衛署為元代的帥府〔註25〕，有正廳三間，經歷廳一間，鎮撫廳一間，東、西房各六間，左、右、中、前、後五千戶所儀門三間、大門三間〔註26〕。關於梁城所的方位，《大明一統志》《讀史方輿紀要》均記為寶坻縣治東南 140 里，而嘉靖《通州志略》則記為寶坻縣治東南 120 里，略有差異。關於梁城所的設置時間，嘉靖《通州志略》記為永樂年間，由於朱棣曾經篡位稱帝，所以嘉靖《通州志略》誤將梁城所的設置時間建文時期記為永樂時期。

第二節　明代天津地區衛所軍官

一、明代天津地區衛所軍官人數

由於史料的湮沒，明代天津地區各衛所設立之初的人數已不可考，有關天津三衛軍官的詳細人數，現在可見的最早記載出現於嘉靖《河間府志》卷一一《武備志・兵制》〔註27〕，《四鎮三關志》卷八《職官考・薊鎮職官・武階》也對薊州衛、鎮朔衛、營州右屯衛、梁城守禦千戶所的軍官人數有所記載〔註28〕，現根據二書的記載，將明代天津地區各衛所軍官人數製成下表：

表 1-3　明代天津三衛軍官人數表　　　　　　　　　　　　單位：員

	指揮	千戶	百戶	衛鎮撫	所鎮撫	經歷	合計
天津衛	18	28	46	2	1	缺載	95
天津左衛	8	28	46	2	1	缺載	85

〔註25〕汪有執、楊行中纂修，劉宗永校點：（嘉靖）《通州志略》卷一《輿地志・古蹟》，北京：中國書店，2007 年，18 頁。

〔註26〕汪有執、楊行中纂修，劉宗永校點：（嘉靖）《通州志略》卷二《建置志・公署》，31 頁。

〔註27〕郜相、樊深：（嘉靖）《河間府志》卷一一《武備志・兵制》，533 頁。

〔註28〕劉效祖：《四鎮三關志》卷八《職官考・薊鎮職官・武階》，《四庫禁燬書叢刊》史部第 10 冊，北京：北京出版社，1997 年，第 472、473 頁。

天津右衛	11	31	43	2	1	缺載	88
薊州衛	12	28	28	2		1	71
鎮朔衛	15	34	39	2		1	91
營州右屯衛	6	10	10	不詳		1	27
梁城守禦千戶所	0	8	12	0		0	20
武清衛	不詳	不詳	不詳	不詳		不詳	不詳

　　《新校天津衛志》卷二《官職・建衛》記載，天津三衛設立之初，指揮44員、千戶92員、百戶161員、鎮撫12員、冠帶總旗2員，合計311員〔註29〕。而根據上表，嘉靖《河間府志》所載天津三衛指揮、千戶、百戶、鎮撫人數分別合計37員、87員、135員、9員，均比《新校天津衛志》中的人數少。如果二書所載內容不繆，則這種人數上的差異可以解釋爲，《新校天津衛志》所載人數爲天津三衛設立之初的軍官人數，而嘉靖《河間府志》所載則爲明代中期天津三衛的軍官人數，嘉靖《河間府志》比《新校天津衛志》所少的人數，當爲天津三衛軍官年遠事故所致。關於這一點，《中國明朝檔案總匯》第68冊即載有天津右衛年遠事故指揮同知1人、指揮僉事1人、正千戶3人、副千戶4人〔註30〕、實授百戶12人〔註31〕、試百戶1人、所鎮撫1人〔註32〕。

　　《中國明朝檔案總匯》第68冊載有天津右衛軍官功次選簿，記錄了天津右衛軍官人數、祖貫、考選、承襲等詳細情況，爲進行分析研究，茲將其中所載天津右衛軍官人數製成表1-4。

〔註29〕 薛柱斗、高必大：《新校天津衛志》卷二《戶口・官職》，臺北：成文出版社，1968年，第99～100頁。

〔註30〕 中國第一歷史檔案館、遼寧省檔案館編纂：《中國明朝檔案總匯》第68冊，桂林：廣西師範大學出版社，2001年，所載天津右衛年遠事故副千戶有左所吳瑄，右所林鈺，後所張能、張翔、高澄，共5人。其實對照《中國明朝檔案總匯》第68冊第49頁、第83頁林鈺家族的襲替情況，可知右所副千戶林鈺並非年遠事故者。因此，天津右衛年遠事故副千戶當爲4人。

〔註31〕 中國第一歷史檔案館、遼寧省檔案館編纂：《中國明朝檔案總匯》第68冊所載天津右衛年遠事故世襲百戶有左所張翔、張隆、馬文，右所史雄、樊英，中所李雲、袁實、陳騰、王斌，前所周鈺、宋俊、李海、李忠，共13人。其實前所世襲百戶周鈺並非年遠事故者，周鈺家族的襲替情況見該書第64頁、第85～86頁。因此，天津右衛年遠事故世襲百戶當爲12人。

〔註32〕 中國第一歷史檔案館、遼寧省檔案館編纂：《中國明朝檔案總匯》第68冊，第5～6頁。

表1-4　明代天津右衛軍官人數表

單位：員

官職		人數	年遠事故人數
指揮使		3	
指揮同知		3	1
指揮僉事		5	1
衛鎮撫		2	
左所	正千戶	1	1
	副千戶	5	1
	實授百戶	5	3
	試百戶	2	
	所鎮撫	1	
右所	正千戶	3	
	副千戶	4	〔註33〕
	實授百戶	5	2
	試百戶	3	
中所	正千戶	2	2
	副千戶	6	
	實授百戶	6	4
	試百戶	1	
前所	正千戶	1	
	署正千戶事副千戶	1	
	副千戶	4	
	實授百戶	8	3〔註34〕
	試百戶	1	1
	所鎮撫	1	1
後所	正千戶	1	
	副千戶	3	3
	實授百戶	7	
	試百戶	1	

〔註33〕《中國明朝檔案總匯》第68冊所載天津右衛右所年遠事故副千戶林鈺，其實林鈺並非年遠事故者，林鈺家族的襲替情況見該書第49頁、第83頁。

〔註34〕《中國明朝檔案總匯》第68冊所載天津右衛前所年遠事故世襲百戶周鈺、宋俊、李海、李忠4人。其實周鈺並非年遠事故者，周鈺家族的襲替情況見該書第64頁、第85～86頁。

　　上表所列天津右衛各官職人數，除年遠事故者外，其餘爲崇禎時期天津右衛軍官設置情況，其中指揮使、指揮同知、指揮僉事共 11 員，正、副千戶共 31 員，實授百戶、試百戶共 39 員，衛鎮撫 2 員，所鎮撫 2 員。將這個數目與上述嘉靖《河間府志》中天津右衛的軍官數目進行對比，我們可以看出《中國明朝檔案總匯》中所載天津右衛指揮使、指揮同知、指揮僉事員數，正、副千戶員數，衛鎮撫員數，均與嘉靖《河間府志》相同，《中國明朝檔案總匯》中所載實授百戶、試百戶比嘉靖《河間府志》中少 4 員，所鎮撫比嘉靖《河間府志》中多 1 員。這說明嘉靖《河間府志》、《中國明朝檔案總匯》中的相關記載應當正確，二者的些微不同，當是記錄時間不同所致，這也顯示出明代天津右衛軍官人數大致穩定。

　　萬曆《明會典》卷一一八《兵部一·銓選一》記載，衛指揮使司設指揮使 1 員、指揮同知 2 員、指揮僉事 4 員，衛鎮撫 2 員；千戶所設正千戶 1 員、副千戶 2 員，所鎮撫 2 員〔註35〕。按照這個人數，每衛當設指揮使、指揮同知、指揮僉事共 7 員，而嘉靖《河間府志》記載天津衛指揮 18 員，天津左衛指揮 8 員，天津右衛指揮 11 員。根據前述萬曆《明會典》的記載，千戶所設置正千戶、副千戶共 3 員，每衛下轄 5 個千戶所，則每衛額定正、副千戶 15 員，而天津衛千戶 28 員，天津左衛千戶 28 員，天津右衛千戶 31 員。按照額定設置，每衛轄前、後、中、左、右五個千戶所，每個千戶所領 10 個百戶所，每衛共額定百戶 50 員，天津衛百戶 46 員，天津左衛百戶 46 員，天津右衛百戶 43 員，三衛百戶員數與額定編制大致相當而略少。上表中天津三衛均設鎮撫 2 員，與萬曆《明會典》所言衛設鎮撫 2 員的說法一致，而按照萬曆《明會典》所言，每個千戶所設鎮撫 2 員，則每衛應當有所鎮撫 10 員，而天津三衛均只有所鎮撫 1 員，這與萬曆《明會典》所載編制相去甚遠。從這些數目對比中，我們可以看出萬曆《明會典》卷一一八《兵部·銓選一》中記載的軍官人數只是一般性規定，具體到各個軍衛、各個時期，實際軍官設置情況多有不同，不可認爲萬曆《明會典》卷一一八《兵部·銓選一》中的記載爲普遍遵行的硬性規定。由於衛、所鎮撫主管刑獄，工作專業性較強，所以三衛鎮撫的設置均符合額定員數，而三衛均只設所鎮撫一員，可能三衛的所鎮撫人數經過調整。

〔註35〕申時行：（萬曆）《明會典》卷一一八《兵部一·銓選一》，北京：中華書局，1989 年，第 613 頁。

　　爲進一步研究天津三衛軍官的家庭規模，我們將嘉靖《河間府志》卷一一《武備志・兵制》中所載中各衛指揮、千戶、百戶、衛鎮撫、所鎮撫等武官數目進行合計，與對應的舍餘數目進行對比，製成表1-5以研究天津三衛軍官的家庭規模。

表1-5　嘉靖《河間府志》中天津三衛軍官、舍餘比率表

	軍官（含指揮、千戶、百戶、衛鎮撫、所鎮撫）	舍餘	舍餘與軍官比率
天津衛	95 人	412 人	4.37
天津左衛	85 人	324 人	3.81
天津右衛	88 人	392 人	4.45
合計	268 人	1128 人	4.21

　　由上表可知，天津衛、天津左衛、天津右衛三衛每名軍官名下平均有4.21名舍餘，特別是天津衛每名軍官平均有 4.37 名舍餘，天津右衛每名軍官平均有 4.45 名舍餘，兩者相當接近。

　　需要指出的是，上述各表中所載明代天津地區各衛所軍官人數均爲史書中所載某一時期的人數，由於調動、升降、襲替、事故等原因，各衛所的軍官人數必然是動態變化的，而非一固定人數，不可將史書中所載某一時期的軍官人數視爲整個明代不變的人數。

二、明代天津地區衛所軍官祖貫

　　《新校天津衛志》記載有明代天津三衛官籍的祖貫分布情況，爲進行研究，將天津三衛官籍的來源情況製成表1-6。

表1-6　天津三衛官籍祖貫分布表

祖貫		人數（員）	分布區域	合計（員）	占總數百分比	備註
南直隸	應天府	6	上元縣、溧水縣、六合縣、句容縣	137	44.34	《新校天津衛志》卷二《戶口・官籍》載「吳野極，通州人」，不詳屬於北直隸順天府，抑或屬於南直隸揚州府。《中國明朝檔案總匯》第
	鳳陽府	32	鳳陽縣、臨淮縣、定遠縣、懷遠縣、壽州、霍丘縣、蒙城縣、太和縣、潁上縣、泗州、盱眙縣、宿州			

	淮安府	5	沭陽縣、海州、贛榆縣、邳州			68冊35頁記載吳野雞爲揚州府通州人，二者應爲一人，可知吳野極爲揚州府通州人。
	揚州府	24	府城、江都縣、儀眞縣、泰州、高郵州、興化縣、通州			
	蘇州府	3	府城、崑山縣、長洲縣			
	松江府	2	華亭縣			
	常州府	6	無錫縣、武進縣、江陰縣			
	盧州府	23	合肥縣、舒城縣、無爲州、六安州			
	安慶府	3	宿松縣、潛山縣、桐城縣			
	太平府	6	當塗縣、蕪湖縣			
	寧國府	1	涇縣			
	徐州直隸州	8	徐州、沛縣、蕭縣			
	滁州直隸州	13	滁州、全椒縣			
	和州直隸州	5	和州、含山縣			
山東	濟南府	4	臨邑縣、齊東縣、濱州、武定州	39	12.62	
	兗州府	6	府城、滋陽縣、曲阜縣、鄒縣、曹縣、費縣			
	青州府	7	昌樂縣、益都縣、博興縣、壽光縣、諸城縣			
	萊州府	10	平度州、膠州、即墨縣			
	登州府	10	府城、黃縣、棲霞縣、蓬萊縣、招遠縣、文登縣			
	東昌府	2	濮州、臨清州			
北直隸	順天府	15	大興縣、宛平縣、固安縣、永清縣、三河縣、寶坻縣、遵化縣、豐潤縣、昌平縣	27	8.74	

	保定府	1	博野縣			
	河間府	1	交河縣			
	眞定府	1	晉州			
	大名府	3	滑縣、浚縣、清豐縣			
	永平府	6	府城、遷安縣、灤州、樂亭縣			
湖廣	武昌府	7	江夏縣、武昌縣、大冶縣	22	7.12	
	黃州府	2	黃岡縣、蘄水縣			
	德安府	4	孝感縣、應城縣、應山縣			
	岳州府	2	臨湘縣、澧州			
	荊州府	1	江陵縣			
	長沙府	3	長沙縣、瀏陽縣			
	常德府	1	武陵縣			
	衡州府	1	衡山縣			
	永州府	1	府城			
河南	開封府	9	府城、太康縣、祥符縣、陽武縣	19	6.15	
	河南府	1	新安縣			
	歸德府	2	府城			
	汝寧府	2	上蔡縣、固始縣			
	南陽府	2	南陽縣			
	懷慶府	2	河內縣			
	汝州直隷州	1	郟縣			
浙江	杭州府	3	仁和縣、錢塘縣	17	5.52	《新校天津衛志》卷二《戶口·官籍》載「沈德，常興人」，明代無「常興」行政區劃，應爲浙江湖州府長興縣。《中國明朝檔案總匯》第68冊第60頁記載沈得爲安吉縣人，長興
	嘉興府	2	嘉興縣、海鹽縣			
	湖州府	3	歸安縣、安吉縣			
	紹興府	1	諸暨縣			
	寧波府	2	鄞縣、象山縣			
	台州府	3	黃岩縣			
	金華府	2	金華縣			

	處州府	1	龍泉縣			縣、安吉縣均屬湖州府，沈德、沈得應爲一人。 《新校天津衛志》卷二《戶口‧官籍》載「林雄，湘山人」，《中國明朝檔案總匯》第 68 冊第 49 頁記載林雄爲象山縣人，明代無「湘山」行政區劃，林雄應爲寧波府象山縣人。 《新校天津衛志》卷二《戶口‧官籍》載「曾一壽，龍泉人」，浙江處州府、江西吉安府均轄有龍泉縣，《中國明朝檔案總匯》第 68 冊第 69 頁記載曾一壽爲江西龍泉人。
山西	大同府	2	大同縣、豐州	4	1.29	
	平陽府	2	岳陽縣、河津縣			
陝西	西安府	3	渭南縣、興平縣、朝邑縣	3	0.97	
福建	福州府	1	福寧縣、長樂縣	3	0.97	
	延平府	1	沙縣			
	福寧直隸州	1				
江西	撫州府	1	金溪縣	2	0.65	明代四川布政司重慶府忠州轄有臨江縣，洪武四年臨江縣省入忠州。《新校天津衛志》中所載「林罕，臨江人」當指江西布政司所轄臨江府。
	臨江府	1				

貴州		2		2	0.65	《新校天津衛志》卷二《戶口·官籍》載「高閒驢，貴州人」，《中國明朝檔案總匯》第68冊第42頁載「高關驢，博興縣人」，博興縣屬山東青州府，「高閒驢」、「高關驢」應為一人，「貴州」疑為「青州」之誤。 《新校天津衛志》卷二《戶口·官籍》載「潘震，貴州人」，檔案則記作山東濟寧州，「貴州」或為山東「青州」傳抄之誤，待考。
廣東	廣州府	1	南海縣	1	0.32	
	山後	6		6	1.94	
	迤北	1		1	0.32	
不能確指所屬布政司的州、縣		1	通州	10	3.25	明代北直隸順天府、南直隸揚州府均轄有通州，《新校天津衛志》中所載「高把都，通州人」，不知所指何處。
		4	山陽縣			明代南直隸淮安府、陝西西安府商州均轄有山陽縣，《新校天津衛志》中所載「小張，山陽人」、「李保，山陽人」、「尹成，山陽人」、「周成，山陽人」，不知所指何處。

	1	新城縣			明代北直隸保定府、山東濟南府、浙江杭州府均轄有新城縣。《新校天津衛志》中所載「亢大，新城人」，不知所指何處。
	1	興寧縣			湖廣郴州府、廣東惠州府均轄有興寧縣，《新校天津衛志》中所載「蕭德，興寧人」，不知所指何處。
	3	龍泉縣			浙江處州府、江西吉安府均轄有龍泉縣，《新校天津衛志》中所載「黃雙二，龍泉人」、「康隆，龍泉人」、「劉昱，龍泉人」，不知所指何處。
待考	1	秦州	1	0.32	《新校天津衛志》卷二《戶口·官籍》作「周得吳，秦州人」，《天津縣新志》卷一七之三《職官三》作「周得英，泰州人」，孰是孰非，待考。
存疑	1	太嶼	2	0.65	明代無「太嶼」、「西原」等行政區劃。
	1	西原			
不詳	13		13	4.21	

　　上表是《新校天津衛志》中所在天津三衛軍官的祖貫情況，除祖貫缺載、不能確定者外，來自南直隸的有 137 員，來自山東的有 39 員，分別占總數的 44.34%、12.62%，來自二地的官籍共占總數的 56.96%。來自南直隸的軍官接近總數的一半，除南直隸轄有 14 府、4 直隸州，地域廣大的因素外，明王朝興起於南直隸地區，由軍功進身武臣的也相當多是南直隸人，這是天津三衛軍官多南直隸人的重要原因。而來自山東的軍官占到總數的 12.62%，居第二位，這應當與天津右衛由青州右衛改調而來密切相關。

　　關於天津三衛的設置由來，《明太宗實錄》記載，永樂二年十一月，朱棣

「以直沽海運商舶往來之衝，宜設軍衛，且海口田土膏腴，命調緣海諸衛軍士屯守」〔註36〕，這條史料顯示天津三衛軍士由緣海諸衛調撥而來。根據上述天津三衛軍官的祖貫統計，來自南直隸、山東、浙江、福建、廣東等沿海地區的官籍分別占總數的 44.34%、12.62%、5.52%、0.97%、0.32%，合計達到總數的 63.77%，考慮到祖貫不詳、不能確定的官籍中，可能有一部分屬於以上沿海地區，來自南直隸、山東、浙江、福建、廣東等沿海地區的官籍所佔比例應該更高，這正與《明太宗實錄》中「調緣海諸衛軍士屯守」的記載相符。

　　需要說明的是，天津三衛有一部分軍官爲蒙古族，被稱爲「達官」或「韃官」。通過洪武、永樂兩朝多次對蒙古大規模的用兵，一大批北方少數民族軍官，主要是蒙古族軍官或主動，或被動進入內地，明朝通稱之爲「達官」或「韃官」，士卒則稱之爲「達軍」或「韃軍」。北直隸地區安插了大量的達官和達軍，正如《皇明九邊考》卷六《三關鎮》所言，「達官、達舍多安置眞、保、河等府，子孫世受國恩，臣服效力，固無他志」〔註37〕。洪武二十年閏六月完者不花來降〔註38〕。九月，納哈出、完者不花等至京，納哈出封爲海西侯〔註39〕，完者不花授爲都指揮僉事，賜予漢姓蔡，分隸寶坻，遂家居於此。完者不花與其長子撒里皆有名將風，二人俱入祀寶坻鄉賢祠〔註40〕。至宣德二年（1427）十二月，安插於永昌等衛土韃軍滿剌亦剌思、倒剌沙、馬黑木等逃逸出境復還，滿剌亦剌思奏願居京自效，馬黑木願於天津衛隨營居住，各賜襲衣鈔布，仍命有司給房屋、器皿等物如例〔註41〕。

第三節　明代天津地區衛所軍士

　　洪武七年八月，明太祖申定衛所之制，大率 5600 人爲一衛〔註42〕。每衛

〔註36〕《明太宗實錄》卷三六，永樂二年十一月己未，第 628 頁。
〔註37〕魏煥：《皇明九邊考》卷六《三關鎮・疆域考》，《四庫全書存目叢書》史部第226 冊，濟南：齊魯書社，1996 年，第 68 頁。
〔註38〕《明太祖實錄》卷一八二，洪武二十年閏六月己酉朔，第 2750 頁。
〔註39〕《明太祖實錄》卷一八五，洪武二十年九月戊寅，第 2775～2776 頁。
〔註40〕洪肇楙、蔡寅斗：（乾隆）《寶坻縣志》卷一一《人物（上）》，臺北：成文出版社，1969 年，第 538 頁。
〔註41〕《明宣宗實錄》卷三四，宣德二年十二月癸亥，中央研究院歷史語言研究所校勘本，1962 年，第 863 頁。
〔註42〕《明太祖實錄》卷九二，洪武七年八月丁酉，第 1607 頁。

5600 人只是額定編制，每衛的實際人數往往並不是 5600 人。由於史料的湮沒，永樂初年天津三衛設立之初的軍衛人數已不可考，有關天津軍士的詳細人數，現在可見的最早記載出現於嘉靖《河間府志》。根據嘉靖《河間府志》卷一一《武備志・兵制》的記載，天津三衛軍士的人數見下表：

表 1-7　明代天津三衛軍士人數表　　　　　　　　　　　　　　　單位：名

	實在旗軍	守城操	合計
天津衛	3772	149	3921
天津左衛	3772	344	4116
天津右衛	2883	207	3090
合計	10427	700	17427

上表中天津三衛實在旗軍分別爲 3772 人、3772 人、2883 人，這表明明代各地衛所軍士數目具有差異性，每衛 5600 人只是額定人數，各衛實際軍士往往並非此數。另外，萬曆時期戶部尙書楊俊民在《邊餉漸增供億難繼酌長策以圖治安疏》中說，天津三衛原有官、兵 9399 人〔註 43〕，又說天津三衛原額官士、旗軍 9390 人〔註 44〕，前後略有差異，當是史書流傳中出現的文字差異。嘉靖《河間府志》記載天津三衛官籍爲 268 人〔註 45〕，《新校天津衛志》記載天津三衛軍官爲 309 人〔註 46〕，除去軍官人數，天津三衛軍士人數當爲 9100 人左右。而上表中嘉靖《河間府志》所載天津三衛旗軍共 10427 人，《邊餉漸增供億難繼酌長策以圖治安疏》中記載的天津三衛旗軍人數比嘉靖《河間府志》所載少 1300 人左右，可能是明代中期軍士大量逃亡的反映。

爲進一步研究天津三衛軍士群體及其家庭規模，我們將嘉靖《河間府志》卷一一《武備志・兵制》中所載天津各衛實在旗軍與守城操合計，並與對應的軍餘數目進行對比，製成表 1-8 以研究天津三衛軍官和軍士的家庭規模。

〔註 43〕陳子龍：《明經世文編》卷三八九，楊俊民《邊餉漸增供億難繼酌長策以圖治安疏》，北京：中華書局，1962 年，第 4206 頁。
〔註 44〕陳子龍：《明經世文編》卷三八九，楊俊民《邊餉漸增供億難繼酌長策以圖治安疏》，第 4215 頁。
〔註 45〕郜相、樊深：(嘉靖)《河間府志》卷一一《武備志・兵制》，第 577～578 頁。
〔註 46〕薛柱斗、高必大：《新校天津衛志》卷二《官職・建衛》，第 99～100 頁。

表 1-8　嘉靖《河間府志》中天津三衛軍士、餘丁比率表

	軍士（含實在旗軍和守城操）	餘丁	餘丁與軍士比率
天津衛	3921 人	6514 人	1.66
天津左衛	4116 人	3342 人	0.81
天津右衛	3090 人	3342 人	1.08
合計	11127 人	13198 人	1.19

　　由表 1-8 可知，天津三衛每名軍士名下平均有 1.19 名左右餘丁，而天津衛每名軍士名下的餘丁平均數量為 1.66 名，是天津左衛的 2 倍多，是天津右衛的 1.5 倍多，可知天津衛比天津左衛、天津右衛軍士家庭規模較大。

　　嘉靖《通州志略》卷八《兵防志》記載，「武清衛原額旗軍四千三百六員名，今見在止一千七十二員名。除京操及各項差占外，見在城操官舍、軍餘二百八員名」〔註 47〕。關於梁城守禦千戶所的旗軍人數，嘉靖《通州志略》卷八《兵防志》記載梁城守禦千戶所設官、軍 700 餘人〔註 48〕。根據袁黃《防倭二議》的記載，梁城守禦千戶所初有軍士 1000 人專於防海，又有餘丁 2000人，所以倭寇入犯時，梁城守禦千戶所軍士能力挫來犯之敵。至嘉靖時期，正軍逃亡過半，僅存的 420 餘人復於嘉靖二十九年（1550）悉數撥入振武營。嘉靖三十八年，抽垛餘丁，三丁抽一丁為正，二丁為幫，400 餘名餘丁調戍石塘嶺，以致海上防守無人〔註 49〕。成書於萬曆初年的《四鎮三關志》記載，梁城所僅有城操軍 70 名〔註 50〕。

　　根據上述研究，我們可以看出：（一）如同上節所述軍官人數一樣，明代天津地區各衛所旗軍人數也是動態變化的，特別是隨著占役、逃亡等的加劇，以及營兵制下衛所旗軍被抽調入各營，使得各衛所軍士人數更是難以準確統計。（二）雖然各衛所軍士人數是動態變化的，然而成書於不同時期的史書所記載的軍士人數卻往往相同，如萬曆《河間府志》卷六《武備志·兵

〔註 47〕汪有執、楊行中纂修，劉宗永校點：（嘉靖）《通州志略》卷八《兵防志·兵馬》，第 55 頁。
〔註 48〕汪有執、楊行中纂修，劉宗永校點：（嘉靖）《通州志略》卷八《兵防志·兵馬》，第 56 頁。
〔註 49〕劉邦謨、王好善輯：《寶坻政書》卷一〇《防倭二議》，第 401～402 頁。
〔註 50〕劉效祖：《四鎮三關志》卷三《軍旅考·薊鎮軍旅·營伍》，第 93 頁。

制》中所載天津三衛軍士人數，與嘉靖《河間府志》卷一一《武備志·兵制》中的數目完全相同，這兩部地方志纂修年代相距 70 餘年，而所載天津三衛軍士人數竟然完全相同。武清衛軍士人數的記載也存在這個現象，由此可見古代地方志纂修時往往陳陳相因，不加考究，我們可以推測嘉靖《河間府志》中所載天津三衛軍士人數、嘉靖《通州志略》中所載武清衛軍士人數，有可能並非二書纂修時的實際數目，而是沿用了更早時期的軍士人數。

　　如上節所述，通過洪武、永樂兩朝多次對蒙古大規模的用兵，北直隸地區安插了大量的達軍。對於這些歸附的達軍，朝廷物質上給予優厚待遇，施行各種有利於民族團結、民族融合的政策，創造了寬鬆、和諧的民族關係。歸附的達軍也在新的環境下，與漢族人民互通婚姻，或參加軍事作戰，或從事農牧業生產，對促進民族融合、鞏固社會穩定、發展社會生產都做出了積極貢獻。然而歷史真實總是複雜的、多面的，達官、達軍進入內地後，由於與漢族分屬不同的民族，風俗、習好、語言不同，達官、達軍難以控制、危害社會的一面也時有存在。正統十四年（1449）十月，京師保衛戰後，十五日夜也先由良鄉向紫荊關逃竄〔註51〕。瓦剌軍進入紫荊關後，大肆擄掠，同時散居京畿各地的蒙古人包括達官、達軍也乘機跳樑，為害不淺。景泰五年（1554），恭順侯吳瑾所部達軍於武清縣等處白晝殺人劫財，錦衣衛指揮僉事劉敬等奏請將達軍遷於遠方，經兵部會議，達軍安插已久，若驟而遷之，恐疑懼生變，遂移文總兵官右都督張軏督令恭順侯吳瑾等，將各屯達軍舍餘嚴謹關防，時常點閘，令其各安生理，若仍前為非，恭順侯吳瑾等一體治罪〔註52〕。宣德六年七月，朝廷定例達官賜地額數，「侯四百畝，伯三百畝，都督二百五十畝，都指揮二百畝，指揮一百五十畝，千戶、衛鎮撫一百二十畝，百戶、所鎮撫一百畝」〔註53〕。而至天順四年（1460）三月，達官、後府帶俸都指揮同知于忠奏請武清、東安二縣空地 59 頃，是額定 250 畝的 20 餘倍，可謂無理要求，經戶部會議，止給以 250 畝，餘地撥付武清、東安二縣丁多田少之家耕種起科〔註54〕。

〔註51〕談遷：《國榷》卷二八，正統十四年十月壬戌，北京：中華書局，1958 年，第 1806 頁。

〔註52〕《明英宗實錄》卷二三七，景泰五年春正月丙子，臺北：中央研究院歷史語言研究所校勘本，1962 年，第 5172～5173 頁。

〔註53〕《明宣宗實錄》卷八一，宣德六年七月癸酉，第 1876～1877 頁。

〔註54〕《明英宗實錄》卷三一三，天順四年三月庚寅，第 6563 頁。

第四節　明代天津地區的民兵

　　早在江南政權時，朱元璋已設立民兵萬戶府，龍鳳四年（1358）十一月，朱元璋諭行中書省臣曰：「古者寓兵於農，有事則戰，無事則耕，暇則講武，今兵爭之際，當因時制宜，所定郡縣民間豈無武勇之材，宜精加簡拔，編輯為伍，立民兵萬戶府領之，俾農時則耕，閒則練習，有事則用之，事平有功者一體陞擢，無功令還為民，如此則民無坐食之弊，國無不練之兵，以戰則勝，以守則固，庶幾寓兵於農之意也。」〔註55〕明朝建立後，隨著形勢的變遷，歷朝多次對民壯政策進行了規定、補充。

　　明代天津地區設有民壯，弘治三年（1490）十一月，整飭天津兵備道設立之時，明孝宗在賜予劉福的敕書中即言，「遇有盜賊生發，即督應捕官員率領軍夫、民快、火甲相機撲捕，勿令滋蔓」〔註56〕，可知天津兵備道對轄區內的民壯具有統領之權。天津地區的民壯在維護治安、守禦地方中發揮了積極作用。《明武宗實錄》卷七八正德六年八月戊寅朔記載，天津兵備道陳天祥建言，天津濱海富強之家內多勇悍，乞編為排甲，聽自備器械以俟調遣。經兵部覆議後，陳天祥的建議得以允行〔註57〕。

　　嘉靖《通州志略》的記載，寶坻縣設有民壯 204 名〔註58〕。嘉靖《河間府志》記載，靜海縣有弓兵、民壯 94 名，快手 20 名〔註59〕。關於武清縣的民壯情況，查閱《明實錄》我們可以發現多處記載，天順八年四月，天津、武清、良鄉、涿州、真定、保定等處直抵南京一帶，水、陸二路盜賊成群，夜則明火持杖，劫掠居民財物；晝則阻截路道，肆為強劫，商旅不通，甚至殺傷人命，無所忌憚。太子少保兵部尚書馬昂奏請沿途一帶官司率領旗軍、機兵、民快人等分巡要害，用心訪緝，遇有賊盜出劫，多方設策擒拿以靖地方〔註60〕。成化十三年六月，通州河西務南抵德州、臨清，所在盜起，水陸

〔註55〕《明太祖實錄》卷六，戊戌年十一月辛丑，第 69 頁。
〔註56〕《明孝宗實錄》卷四五，弘治三年十一月乙未，臺北：中央研究院歷史語言研究所校勘本，1962 年，第 909～910 頁。
〔註57〕《明武宗實錄》卷七八，正德六年八月戊寅朔，臺北：中央研究院歷史語言研究所校勘本，1962 年，第 1704 頁。
〔註58〕汪有執、楊行中纂修，劉宗永校點：（嘉靖）《通州志略》卷八《兵防志·兵馬》，第 56 頁。
〔註59〕郜相、樊深：（嘉靖）《河間府志》卷一一《武備志·兵制》，第 535 頁。
〔註60〕《明憲宗實錄》卷四，天順八年夏四月乙未，臺北：中央研究院歷史語言研究所校勘本，1962 年，第 103 頁。

路阻，經兵部奏請，命鎮守、巡撫等官嚴督所屬軍衛、有司率軍兵、民快，務使擒獲〔註61〕。正德十六年（1521）九月，武清縣崔黃口地方盜賊嘯聚，所在擄掠，兵部覆議，令將武清縣民壯精簡訓練，給予馬匹，與武清衛軍舍往來偵察，相機剿捕〔註62〕。

　　嘉靖二十九年八月庚戌之變後，王忬升任右僉都御史，守禦通州〔註63〕。為加強京畿一帶的軍事防禦，王忬在《條陳末議以贊修攘疏》中提出了十條建議，其中之一為「廣築村堡以禦民患」，疏請將分散的小村落並為大村，分派築堡，務極高厚，「即於其間設立團保之法，編定壯丁，使各備有弓矢、器械、火藥、木石，居常則按月操練，遇寇則並力城守，夫以衛死之民，操素習之具，縱被攻殘，蓋亦無幾。張家灣、河西務一帶商貨輻集，乃虜賊垂涎之地，尤不可不亟圖也」〔註64〕。可知在加強地方自我防禦能力方面，民壯具有一定的優勢，如果組織得力，運用得當，民壯的作用不容低估。嘉靖四十四年，井陘道兵備副使孫一正稱，先年保定等六府共召募民兵 6000 名，列為二營，分屬四道，易州、天津二道共三千名，為一營；井陘、大名二道共三千名，為一營。平時各道操練，每歲六月初，屬易州、天津二道者付河間守備，井陘、大名二道者付之真定守備，各統領聽候防禦入援，待撤兵回日，仍歸各道操練，不妨本務〔註65〕。據李邦華《文水李忠肅先生集》載，天津沿海原有墩烽，每墩由軍士 5 名、民壯 5 名防守，倭寇肆虐朝鮮之時，千總鄭傑自領鄉兵戍守，倭平之後，民壯盡數撤去〔註66〕。

　　然而，隨著承平日久，明代民壯制度出現了各種弊端，嘉靖《河間府志》的纂修者樊深在書中慨歎：「河間民兵率皆雇覓之徒而無實用，其弊在民；或欲徵銀，招募壯勇，而間有侵漁之患，其弊在公。」〔註67〕萬曆《河間府志》則言：「按今民壯俱用銀募，其數漸縮，且不以操練而以迎送，如制何？」〔註68〕

〔註61〕 《明憲宗實錄》卷一六七，成化十三年六月癸卯，第 3023～3024 頁。

〔註62〕 《明世宗實錄》卷六，正德十六年九月乙丑，臺北：中央研究院歷史語言研究所校勘本，1962 年，第 253～254 頁。

〔註63〕 《明世宗實錄》卷三六四，嘉靖二十九年八月甲申，第 6501～6502 頁。

〔註64〕 陳子龍：《明經世文編》卷二八三，王忬《條陳末議以贊修攘疏》，第 2984 頁。

〔註65〕 劉效祖：《四鎮三關志》卷七《制疏考·真保鎮制疏·題奏》，第 383 頁。

〔註66〕 李邦華：《文水李忠肅先生集》卷三《撫津茶言·踏勘海防乞敕修明事宜疏》，第 108 頁。

〔註67〕 郜相、樊深：（嘉靖）《河間府志》卷一一《武備志》，第 585 頁。

〔註68〕 杜應芳、陳士彥：（萬曆）《河間府志》卷六《武備志》，第 29 頁。

可知這一時期，民壯已用銀招募，而不是僉充，民間為免於僉充，需要繳納銀兩，胥吏得以侵漁期間，深為民患，而民壯又不以時操練，被派於官府迎來送往，廢壞已極。嘉靖八年，針對民壯之弊，朝廷申令「免操月分，不許稽留在官以妨民事，官司敢有擅差勾攝及學習吹鼓、迎接上司等項，俱從重究治」〔註69〕。隆慶四年（1570）正月，兵部尚書霍冀在奏疏中也極言民兵廢弛之弊，「各州縣設有民壯，專備緩急之用，而有司獨用以供迎送之役，全不教練，故民兵雖設，武備日弛」〔註70〕。可見民壯被稽留在官，學習吹鼓，迎接上司，並以各種差役被勾攝，這在嘉靖時期是相當普遍的。這與朱元璋最初「民無坐食之弊，國無不練之兵，以戰則勝，以守則固」，寓兵於農的本意已背道而馳。

〔註69〕　申時行：（萬曆）《明會典》卷一三七《兵部二十・軍役・僉充民壯》，第702頁。

〔註70〕　《明穆宗實錄》卷四一，隆慶四年正月乙亥，臺北：中央研究院歷史語言研究所校勘本，1962年，第1011頁。

第二章　明代營兵制下的天津地區駐軍

第一節　營兵制下的天津軍隊

　　明代洪武以後，軍隊的行伍組織突破了府司衛所的界限，常根據軍事需要重新編組，軍隊的主體編制，經歷了從衛所制到營制的演變。自永樂初年，即設置了天津海防營，之後天津班軍營等也隨形勢需要而逐步設置。天啓時期，遼東戰事日緊，天津主兵、客兵雲集，然而實際戰鬥力不佳，正如畢自嚴所稱：「津門新集之師率係烏合之眾，彼其所爲背鄉井，離妻孥，而不辭執殳銜枚之勞者，爲厚糈也。」〔註1〕

一、主兵

（一）天津班軍營

　　萬曆《河間府志》記載，永樂二年，設立天津海防右、左營，防海操備〔註2〕。根據第一章第一節的研究，天津衛、天津左衛分別設置於永樂二年十一月、十二月，天津右衛設置於永樂四年，據萬曆《河間府志》所載，天津衛、天津左衛設置後，迅即設置了天津海防營，當時天津右衛尚未設置。永樂十七年六月，望海堝大捷後明代北部海疆得以平靜，「百餘年間，海上無大侵犯」〔註3〕。於是海防久廢，天津海防右、左營徵調至京師、薊鎮防守，正

〔註1〕畢自嚴：《餉撫疏草》卷一《津兵調發無餉疏》，《四庫禁燬書叢刊》史部第75
　　　　冊，北京：北京出版社，1997年，第14頁。
〔註2〕杜應芳、陳士彥：（萬曆）《河間府志》卷六《武備志・天津兵制》，25～26頁。
〔註3〕張廷玉：《明史》卷九一《兵三・海防》，北京：中華書局，1974年，第2244頁。

德年間屬大寧都司統領，赴京操練。嘉靖二十九年，改調黃花鎮備禦。三十九年，題准薊鎮松棚路修守，以路將帶管。至萬曆十九年（1591）間，因倭情叵測，二營春、秋遞防邊、海〔註4〕。永樂時期二營負責防海，所以稱爲海防營。之後由於海上無警，二營先於京師輪班操練，後又於薊鎮輪班戍守，所以稱爲春、秋兩班營。對此，天津巡撫汪應蛟稱：「夫天津、河間之軍，原爲防海而設，獨以鯨波久偃，狼望時窺，故取此以防彼。所以計緩急，不暇重額制也。」〔註5〕前稱海防二營，後稱春、秋兩班營，只是由於所從事的任務不同，所以造成這種名稱上的差異，其實並無二致。萬曆《河間府志》、康熙《河間府志》中所言的天津海防左、右營，即爲《新校天津衛志》、《四鎮三關志》、萬曆《明會典》中的天津春、秋兩班營。

萬曆二十一年，余繼登在《新建天津葛沽鎮兵營記》一文也說，「時倭不犯東北者百數十年，屯守不設，營壘盡廢」〔註6〕，所以萬曆《河間府志》、康熙《河間府志》中記載的天津海防營事實上只在永樂時期防海操備，之後海上無警，防守亦廢，所謂的「海防營」不再防海，而是長期入衛京師、薊鎮。萬曆《河間府志》、康熙《河間府志》中所謂的「海防營」，或許是永樂時期的固定名稱，也有可能是萬曆《河間府志》編修者因其曾於永樂時防海而稱之爲「海防營」，而後所修的康熙《河間府志》距前朝史事更爲遙遠，只能不辨所以，因襲前說。不論「海防營」這一名稱如何而來，由於永樂之後上百年的時間內其不再防海，所以仍稱之爲「海防營」已名實不符，所以對於永樂之後的「海防營」，我們還是稱之爲春、秋兩班營，更符合歷史真實。

關於天津班軍營的軍力情況，萬曆《河間府志》記載，天津海防右營原額軍士2992名，左營原額軍士3000名〔註7〕。《四鎮三關志》記載，隆慶二年薊遼總督曹邦輔建議松棚谷地方添設參將或游擊一員，專管龍井兒、洪山口、羅文谷三提調地方，不必分外召兵，就將天津等衛班軍6000名分爲兩班，兩班見面更替，專聽本路參將或游擊統領策應〔註8〕。汪應蛟在《海濱

〔註4〕 杜應芳、陳士彥：（萬曆）《河間府志》卷六《武備志・天津兵制》，25～26頁。
〔註5〕 汪應蛟：《海防奏疏》卷二《酌議津海額軍春秋遞防邊海疏》，北京：全國圖書館文獻縮微複製中心，2006年，第183頁。
〔註6〕 陳子龍：《明經世文編》卷四三七，余繼登《新建天津葛沽鎮兵營記》，第4783頁。
〔註7〕 杜應芳、陳士彥：（萬曆）《河間府志》卷六《武備志・兵制》，25～26頁。
〔註8〕 劉效祖：《四鎮三關志》卷七《制疏考・總督侍郎曹邦輔議增松棚路並處班軍疏略》，第307頁。

屯田試有成效疏》中說「計左、右兩營軍共六千，並水、陸兩營之兵總得萬人」〔註9〕，根據汪應蛟的說法，天津左、右二營，即班軍營的兵卒爲 6000 名。萬曆時期，戶部尚書楊俊民在奏疏中說，「天津三衛原有官兵九千三百九十九員名，爲備倭而設，後因各兵坐糜糧餉，遂擇精兵壯五千七百有奇，令兩游擊統領赴薊鎮修守」〔註10〕，根據楊俊民所言，天津兩班營共有軍士 5700 餘名。對比以上各種記載，《四鎮三關志》與汪應蛟《海濱屯田試有成效疏》中的記載完全相同，萬曆《河間府志》的記載僅與《四鎮三關志》《海濱屯田試有成效疏》相差 8 名，楊俊民所說的數目則比以上各處記載略少。由此我們可以得知，最晚至隆慶時期天津兩班營額定兵力約爲 6000 名，然而由於占役、逃亡等原因，班軍營的實際人數有所減少。

（二）天津海防營

永樂時期所謂的天津「海防營」，至萬曆時期早成爲百餘年前的往事，援朝禦倭戰爭爆發後，爲備戰海上，開始另設立新的天津海防營，分爲水、陸二營〔註11〕。萬曆《河間府志》對此有明確記載，「海防營在葛沽，離城六十里，萬曆間因倭徵建。」〔註12〕關於海防營的設立時間，各種史書的記載不盡相同。汪應蛟《酌議海防未盡事宜疏》有如下記載，「萬曆二十一年初設葛沽營，統以總兵及都督等官，各防汛官兵俱聽節制」〔註13〕。余繼登《新建天津葛沽鎮兵營記》也記載了葛沽兵營的創建情況，「得地於所謂葛沽者，東去海、西去津門，大約各五十里……始於癸巳仲春、至季夏而訖工」〔註14〕，癸巳爲萬曆二十一年，余繼登「癸巳仲春」的記載，與汪應蛟「萬曆二十一年初設葛沽營」的說法相符。在《明神宗實錄》的記載中，萬曆二十二年七月，巡按直隸御史張允升在奏疏中提及，天津海防陸營兵爲 3000 名〔註15〕。

〔註9〕 汪應蛟：《撫畿奏疏》卷八《海濱屯田試有成效疏》，北京：全國圖書館文獻縮微複製中心，2006 年，第 1479 頁。

〔註10〕 陳子龍：《明經世文編》卷三八九，楊俊民《邊餉漸增供億難繼酌長策以圖治安疏》，第 4206 頁。

〔註11〕 汪應蛟：《海防奏疏》卷二《酌議海防未盡事宜疏》，第 254～255 頁。

〔註12〕 杜應芳、陳士彥：（萬曆）《河間府志》卷三《宮室志·公署》，第 21 頁。

〔註13〕 汪應蛟：《海防奏疏》卷二《酌議海防未盡事宜疏》，第 255 頁。

〔註14〕 陳子龍：《明經世文編》卷四三七，余繼登《新建天津葛沽鎮兵營記》，第 4783 頁。

〔註15〕 《明神宗實錄》卷二七五，萬曆二十二年七月壬午，臺北：中央研究院歷史語言研究所校勘本，1962 年，第 5090 頁。

而根據萬曆《河間府志》的記載，由於倭情孔棘，萬曆二十五年設立天津海防水、陸二營，駐紮葛沽地方，設置副總兵一員、中軍二員、千官八員，旗軍、書記、隊什等兵5000員名〔註16〕。李邦華《撫津茶言》中的記載則爲，「戊戌、己亥間，倭寇朝鮮，中土猶爲震動，曾設一副將，領水、陸官兵五千，艨艟畢具，防守茲土，名曰海防營」〔註17〕。對比以上各種記載，天津海防營的設立時間有萬曆二十一年、萬曆二十五年、萬曆二十六年（戊戌）至萬曆二十七年（己亥）之間三種說法。余繼登、汪應蛟均記載天津海防營設於萬曆二十一年，且萬曆二十二年七月，巡按直隸御史張允升在奏疏中已提及天津海防營，則萬曆二十二年之前天津海防營確實已經存在，據此天津海防營的設置時間應爲萬曆二十一年。

關於天津海防營的軍官設置，前文所引汪應蛟在《酌議海防未盡事宜疏》中有如下記述，「萬曆二十一年初設葛沽營，統以總兵及都督等官，各防汛官兵俱聽節制」〔註18〕。天津海防營統以總兵、都督的說法似與事實不符，萬曆《河間府志》、李邦華《撫津茶言》均言天津海防營設副總兵一員，並無總兵之設，而所言都督統領天津海防營則更不可信。除上述記載外，汪應蛟在《酌議海防未盡事宜疏》中還記載，天津海防營副總兵後被裁革，由參將一員統轄陸兵3000名，駐紮葛沽；游擊一員統轄水兵2500名，駐紮海口，參將、游擊同處海上，兩相須而不相下。於是汪應蛟建議覆設副總兵一員，加以協守職銜，並裁去水營游擊，令副總兵直接統領水營，一切水陸機宜及天津海防兩營悉聽副總兵節制，而副總兵則聽保定總兵節制。汪應蛟標下中軍柯鷹揚曾以副總兵管陸營參將事，選募、訓練皆其創始，汪應蛟建議即以柯鷹揚加協守銜管事，而見任參將韓望東即改爲汪應蛟標下中軍，其裁去水營游擊顧鳳翔聽兵部查酌勞資，別行陞用〔註19〕。

關於天津海防營的兵力狀況，根據前文所引各種史料，萬曆《河間府志》、李邦華《撫津茶言》均記載，天津海防營有兵丁5000名。汪應蛟在《酌議海防未盡事宜疏》中記載，天津海防營有陸營兵3000名、水營兵2500名，爲節省軍餉，汪應蛟將陸營兵裁減500名，與水營兵2500名，共合5000之數。

〔註16〕杜應芳、陳士彥：（萬曆）《河間府志》卷六《武備志・兵制》，第26頁。
〔註17〕李邦華：《文水李忠肅先生集》卷三《撫津茶言・歸併水營疏》，第134頁。
〔註18〕汪應蛟：《海防奏疏》卷二《酌議海防未盡事宜疏》，第255頁。
〔註19〕汪應蛟：《海防奏疏》卷二《酌議海防未盡事宜疏》，第254～257頁。

所裁減的 500 名兵，則撥補於眞定民兵營，另將眞定民兵營汰去疲弱，每年可節省軍餉 6000 餘兩〔註20〕。由此可知，天津海防營的兵力有過變化，並非一直爲 5000 人。援朝禦倭戰爭結束後，沿海一線開始大規模撤兵、裁官，天津海防營的兵力也被裁減，水、陸二營被並爲葛沽營，其中水兵用南人 1500 名，陸兵用北人 1000 名，共 2500 名〔註21〕。後來遼東地區軍事形勢嚴峻後，天津海防營又被徵調於遼東，對此李邦華在《踏勘海防乞敕修明事宜疏》中記載，「葛沽故有海防營水陸兵五千，後減爲二千五百，頃調發遼陽千名，無一還者，兵勢頓弱」〔註22〕。

天津海防營設置之初，由天津兵備道統轄，「海防營伍乃津道職掌」〔註23〕，天津兵備道則先後受保定巡撫、天津巡撫節制。萬曆四十八年，左光斗任欽差直隸印馬屯田監察御史〔註24〕，他主持屯務時，奏請以天津海防營 50 名士卒參加屯田。由於天津海防營由天津兵備道管轄，所以左光斗此舉引起天津兵備副使王弘祖的強烈反應，不到一年時間王弘祖便將 50 名參加屯田的士卒撤回海防營〔註25〕。左光斗主持屯田時期撥用海防營兵士人數較少，且這些兵士很快即撤回海防營，重歸天津兵備道管轄，所以雙方爭論尚不甚激烈。天啟二年（1622）四月，太常寺少卿董應舉升爲太僕寺卿兼河南道監察御史，管理天津至山海關等處屯田，安插遼民事務〔註26〕。天啟三年十二月初四日，經兵部題覆後，天啟皇帝允准了董應舉的奏請，海防營 2000 名兵士撥予董應舉，參加屯田〔註27〕。天啟四年初，董應舉於《分管堤工疏》中稱，「今驚蟄已過，追日從事，猶恐後時，葛沽陸屯兵止一千，津軍止七百，今既歸臣，勢須日夜分功」，「開河、築堤當在去冬，今兵始到手」〔註28〕。根據以上史

〔註20〕 汪應蛟：《海防奏疏》卷二《酌議海防未盡事宜疏》，第 257～258 頁。
〔註21〕 畢自嚴：《餉撫疏草》卷一《防兵盡改屯兵海滋單虛可慮疏》，第 48 頁。
〔註22〕 李邦華：《文水李忠肅先生集》卷三《撫津茶言·踏勘海防乞敕修明事宜疏》，第 106 頁。
〔註23〕 畢自嚴：《餉撫疏草》卷七《敬陳餉運未盡事宜疏》，第 367 頁。
〔註24〕 馬其昶：《左忠毅公年譜》卷上，《北京圖書館藏珍本年譜叢刊》第 56 冊，北京：北京圖書館出版社，1999 年，第 684 頁。
〔註25〕 李邦華：《文水李忠肅先生集》卷三《撫津茶言·議留海防營兵疏》，第 143 頁。
〔註26〕 《明熹宗實錄》卷二一，天啟二年四月甲申，臺北：中央研究院歷史語言研究所校勘本，1962 年，第 1071 頁。
〔註27〕 《明熹宗實錄》卷四二，天啟三年十二月己丑，第 2170～2171 頁。
〔註28〕 董應舉：《崇相集》疏二《分管堤工疏》，《四庫禁燬書叢刊》集部第 102 冊，北京：北京出版社，1997 年，第 78～79 頁。

料，我們知道天啟四年正月、二月之間，天津海防營 1000 名陸兵撥予董應舉。天啟五年初，天津海防營 1500 名水兵撥予董應舉〔註29〕，加上之前改撥的 1000 名陸兵，共計 2500 人。天啟四年三月，董應舉稱：「水營見無兵船，繚手、舵手皆為虛名。」〔註30〕至天啟四年冬，董應舉建議將水兵中 500 名舵手、繚手等裁去〔註31〕。海防營水兵撥予董應舉後，500 名舵手、繚手等被裁去，天津海防營由 2500 人縮編為 2000 人。

天啟五年四月廿二日，朝廷改命董應舉為工部右侍郎，專理鑄錢，不再負責屯田事務〔註32〕。八月初三日，畢自嚴上疏朝廷建言將天津海防營仍歸天津兵備道管轄，「海防營伍乃津道職掌，自海防營他隸，而津道每以失職為憂，今乘歸併之時，政當還其故物」，「海防營伍宜俟新餉部至日，與保撫從長酌議，歸還津道，且屯且練，無變舊制，無廢屯利，而後紛紜之議可定，參商之端可消也」〔註33〕。天啟皇帝允准了畢自嚴的建言，至此天津海防營重歸天津兵備道管轄，天啟時期紛紛擾擾的天津海防營管轄權之爭終於塵埃落定。

（三）標營

萬曆二十七年三月，汪應蛟在條陳天津善後事宜中說，「天津先設水陸兵三千，又設標下馬兵三千，茲議於標下選用八百，聽中軍管理，餘俱撤回。至於該營馬匹應給標營家丁者，聽其留用」〔註34〕。由此可知援朝禦倭戰爭期間天津海防巡撫領有 3000 馬兵作為標兵，至戰爭結束後，天津巡撫裁撤，巡撫標兵中揀選 800 名由坐營中軍管理，其餘均撤回，天津巡撫標兵營由此裁撤。

天啟元年，遼東戰事嚴峻，天津的軍事地位驟然提升，天津鎮得以設立，這時天津的設立營伍有 15 個，官兵 27000 餘人，後來多次調撥，僅存標兵、正兵、振武、內丁、鎮海五營，之後正兵營、振武營又被裁撤，至崇禎三年（1630）只有標兵營、鎮海營、內丁營官兵共 3514 人〔註35〕。據畢自嚴稱，

〔註29〕《明熹宗實錄》卷七四，天啟六年七月壬辰，第 3605～3606 頁。
〔註30〕董應舉：《崇相集》議一《移兵部畫一兵屯咨文》，第 134 頁。
〔註31〕董應舉：《崇相集》疏二《屯田練兵省餉疏》，第 86 頁。
〔註32〕《明熹宗實錄》卷五八，天啟五年四月己亥，第 2705 頁。
〔註33〕畢自嚴：《餉撫疏草》卷七《敬陳餉運未盡事宜疏》，第 367 頁。
〔註34〕《明神宗實錄》卷三三二，萬曆二十七年三月甲申，第 6140 頁。
〔註35〕《崇禎長編》卷三二，崇禎三年三月乙酉，臺北：中央研究院歷史語言研究所校勘本，1962 年，第 1822～1825 頁。

天津標營兵丁原額 2600 餘名，至崇禎二年三月已不滿一半。當時標營、振武營冊籍之上有兵丁 5000 餘名，實際人數也不足一半〔註36〕。

不僅天津巡撫領有標兵，天津兵備道、天津總兵、天津督餉部院均領有標兵。崇禎二年三月，戶部尚書畢自嚴在《題覆督餉關運效勞疏》中提到天津督餉部院標下中軍游擊張其功、天津督餉部院標下管副中軍加銜都司朱良將、提塘都司查應才、天津督餉部院標下加銜都司諸葛晉明、天津督餉部院標下管旗鼓守備姜望潮〔註37〕。

（四）鎮海營

天啓元年三月，遼陽陷落，為防止後金由水路進犯天津，震動京師，於是天津增置兵馬，天津巡撫畢自嚴招募兵丁，設立鎮海營，分為前、後、奇三營，其中前營兵卒約 1500 人，由都司孫應奎統領；後營兵卒 1000 餘人，由守備左之武統領；奇營兵卒 900 人，由把總林有實統領。鎮海前營駐紮大沽海口，鎮海後營駐紮天津近郊 40 里許，鎮海奇營駐紮天津近城 10 里許，鎮海後營、奇營距離海口近者 80 里，遠者 100 餘里，實與防海無涉。鎮海前營都司孫應奎由天津巡撫畢自嚴簡拔，持重謹密，然而鎮海前營兵卒皆招募而來，為烏合之眾，訓練不精，由於軍費拮据，盔甲、器械、船隻也嚴重不足〔註38〕。畢自嚴在《防兵盡改屯兵海滋單虛可慮疏》中稱：「水兵有鎮海一營，當新募時數至四千，近日屢經逃汰，僅存二千八百。」〔註39〕

至天啓三年二月，天津巡撫李邦華認為天津大沽海口南通登萊，北接榆關，盈盈一望，浩瀚無際，而鎮海前營 1500 餘兵卒即使可以以一當十，也難以守禦海口。因此李邦華建議將鎮海前營、後營、奇營合為一營，嚴加挑選，可得精壯兵卒 3000 餘人，全部調往大沽守禦海口。根據李邦華的調查，「南北海洋各長三百里有奇，南盡鄭家溝，而起口為適中，北盡馬頭營，而黑洋河為適中」，為加強哨備、傳遞軍情，除 3000 名淮兵駐守馬頭營外，李邦華進而建議從鎮海三營另挑選 300 名兵丁，與海防營 200 名兵丁合為一營，駐紮黑洋河，再將江南營 500 名兵丁組成一營，駐紮起口。各處駐守兵丁「往

〔註36〕畢自嚴：《度支奏議》新餉司卷三《題覆田錦衣條議餉運疏》，上海：上海古籍出版社，2008 年，第 379 頁。

〔註37〕畢自嚴：《度支奏議》新餉司卷三《題覆督餉關運效勞疏》，第 400 頁。

〔註38〕李邦華：《文水李忠肅先生集》卷三《撫津荼言·歸併水營疏》，第 134～135頁。

〔註39〕畢自嚴：《餉撫疏草》卷一《防兵盡改屯兵海滋單虛可慮疏》，第 50 頁。

來會哨，上下如織，遇有警息，小則領兵追襲，大則傳烽轉報，而大兵整搬相待，又急則移會海防舊營即便策應」。鎮海前、後、奇三營合併後，三營將領也應進行調整，李邦華認爲鎮海前營都司孫應奎才具爲優，所以應將孫應奎留任，而鎮海後營守備左之武、鎮海奇營把總林有實則調任別處。由於津門至大沽相距 120 里，爲使津門與大沽之間聲息相通，李邦華奏請挑選二三百名兵丁，以千總進行統領，遊哨於津門與大沽之間，「亦足以備傳警而護運艘，緝河盜而安商旅」。李邦華認爲經過這樣調整，「海口有重兵，海外有哨探，內地有遊艦，庶幾整飭有下手之處而海防非空寄之名矣」〔註40〕。

（五）黃崖關等營

黃崖關位於薊州黃崖關城內，永樂時期設置黃崖口提調，負責薊州黃崖口、太平安寨、車道峪寨、青山嶺寨、鼉橼峪寨、恥瞎峪寨、古強峪寨等處的防禦〔註41〕。宣德時期，朝廷命金吾左衛都指揮同知錢義防守黃崖關〔註42〕，之後防守裁革。正統十四年，設置馬蘭路參將，統領大安口、寬奠谷、黃崖口、將軍營四提調〔註43〕。黃崖口提調負責境內堡寨墩臺的守禦，下轄三營，即黃崖口營、黃崖口駐操營和將軍石營，黃崖口營位於黃崖關城，黃崖口駐操營在黃崖口南五里，將軍石營則位於今北京平谷區將軍石關。根據《四鎮三關志》記載，黃崖口駐操營城堡建於洪武時期，黃崖口營城堡建於天順四年〔註44〕，黃崖口駐操營、黃崖口營的設置時間當早於城堡修築時間。

（四）其他兵營

根據嘉靖《通州志略》卷八《兵防志》的記載，最晚至嘉靖二十六年，武清縣崔黃口地方已設崔黃口營，有操守官軍 160 人。至嘉靖四十四年九月，爲加強守禦，於崔黃口營增設馬兵 100 名、步兵 400 名，由崔黃口守備統領〔註45〕。根據《讀史方輿紀要》卷一一一《北直二》的記載，寶坻縣設有王甫營，「王甫營在縣北三十里，又縣北八里有橋頭店，縣東南百一十里有黃沽

〔註40〕李邦華：《文水李忠肅先生集》卷三《撫津荼言·歸併水營疏》，第 134～135 頁。
〔註41〕劉效祖：《四鎮三關志》卷八《職官考·薊鎮職官·武階》，第 469 頁。
〔註42〕《明宣宗實錄》卷四〇，宣德三年三月乙巳，第 989 頁。
〔註43〕劉效祖：《四鎮三關志》卷八《職官考·薊鎮職官·武階》，第 463 頁。
〔註44〕劉效祖：《四鎮三關志》卷二《形勝考·薊鎮形勝·乘障》，第 70 頁。
〔註45〕《明世宗實錄》卷五五〇，嘉靖四十四年九月乙巳，第 8857 頁。

莊，俱官軍巡戍處」〔註46〕。《四鎮三關志》記載，薊州守備統領城操軍 350 名〔註47〕，由此可知薊州設有城守營。至明末崇禎十三年，由天津巡撫李繼貞題請，添設天津城守營〔註48〕，步、守兵原額 600 名〔註49〕。由於天津城守營在明代存在時間很短，所以有關記載很少。

二、客兵

（一）天津客兵

援朝禦倭戰爭期間，天津海防形勢嚴峻，大量客兵調至天津加強防禦。《明經世文編》記載，這一時期易州鎮「因倭警召募兵勇，預備料草，閱視簡練，總兵、游擊等官各帶標營奇兵往來天津」。由於易州客兵廩給行糧，月費數千餘兩，保定巡撫劉東星稱「軍苦於接應，馬疲於奔走，倭未至而民已先病，兵未強而費已不貲」。戶部尚書楊俊民也認為如果易州客兵不撤回，則需費不知幾何，因此建議「通行撫、鎮諸臣今後偵探必確，毋得先事調遣，糜費廩糧」〔註50〕。

萬曆二十年十月，經略宋應昌建議將河大、河間、瀋陽、天津春秋等五營軍免於赴邊，改留防海，其所承擔的修築、防守等任務暫由昌平鎮右車營和山東春、秋兩班代助〔註51〕。當時，保定巡撫劉東星也提議將河間河、大、瀋陽、天津春秋五營班軍俱留天津防海，免令赴邊修築〔註52〕。萬曆二十二年六月，總督倉場褚鈇題請將河間、河大、瀋陽、天津春秋五營班軍免令赴邊修築，改留天津防海〔註53〕。可見除天津春、秋兩班營外，河間、河大、瀋陽三營也加入到天津海上防禦之中。

根據《明神宗實錄》的記載，為休養軍力，節約軍餉，劉士忠奏請將調

〔註46〕顧祖禹：《讀史方輿紀要》卷一一《北直二》，第 332 頁。
〔註47〕劉效祖：《四鎮三關志》卷三《軍旅考·薊鎮軍旅》，第 93 頁。
〔註48〕薛柱斗、高必大：《新校天津衛志》卷二《官職》，第 101 頁。
〔註49〕薛柱斗、高必大：《新校天津衛志》卷一《建置·教場》，第 57 頁。
〔註50〕陳子龍：《明經世文編》卷三八九，楊俊民《邊餉漸增供億難繼酌長策以圖治安疏》，第 4211 頁。
〔註51〕宋應昌：《經略復國要編》卷二《議設薊遼保定山東等鎮兵將防守險要疏》，《四庫禁燬書叢刊》史部第 38 冊，北京：北京出版社，1997 年，第 33 頁。
〔註52〕陳子龍：《明經世文編》卷三八九，楊俊民《邊餉漸增供億難繼酌長策以圖治安疏》，第 4206 頁。
〔註53〕《明神宗實錄》卷二七四，萬曆二十二年六月庚戌，第 5072 頁。

來的 23000 名軍士精選 5000 名，剩餘 18000 名軍士歸保定、河間操練，每日所省行糧折銀 360 兩〔註54〕。這 18000 名軍士歸保定、河間操練後，即可省去行糧，說明這 18000 名軍士當征自保定、河間，只有這樣他們復歸保定、河間的原來營伍後，才可以省去每日所發的行糧。根據萬曆《河間府志》的記載，屯集天津的南兵營，天津營春、秋二班，河間營，大同營，瀋陽營，保定標營、車營、騎營，合眾 19000 餘人〔註55〕。這 19000 餘人中，除了天津春秋二班營和南兵營外，即爲來自河間、保定的軍士，與前述 18000 人的數目基本相符。汪應蛟在《倭氛未滅防禦宜周疏》中也曾記述，保定鎮軍隊負責增援天津地區，所以汪應蛟請求與保定巡撫一起於保定鎮各營挑選精銳，委任將領，增置軍械，加強操練，以備津海之援〔註56〕。

萬曆二十年九月，巡撫保定劉東星在奏疏中說，「今與總兵倪尚忠將十營汰老弱，選精銳，可得萬五千餘人，時操練，嚴紀律，倭不足擒也。新兵三千或令尚忠兼統，或令游擊一員領之，少一官則省一官之費」〔註57〕。戶部尚書楊俊民也說，當時天津鎮「所轄尙有兵馬十營，除留老弱護守城池，選其精銳，每營可得一千五百餘名，十營可得萬五千人，若有警，不數日可以調集」〔註58〕。這兩處記載顯示，這時天津常駐主、客兵力大致爲 15000 餘人，比前文《明神宗實錄》、萬曆《河間府志》中所載人數要少。

萬曆二十年六月，游擊吳惟忠率領南兵駐紮寶坻、豐潤等地〔註59〕。萬曆二十年九月，浙江巡撫常居敬奉旨調取沙、唬二船 80 隻，由坐營都司吳天賞和把總韓光、張良相委領各船赴天津聽候調遣，有哨官 5 員、兵士 1500 餘名〔註60〕。爲保證漕運的安全，萬曆二十二年七月，經巡按直隸御史張允升奏請，將河間等衛奏留班軍與守舡南兵，分配各船紮營，南北兼練，與陸營 3000 兵卒相犄角，遇有警急，水陸夾攻，並於武清、楊村等沿河地方增立保甲、墼堡以捍盜賊〔註61〕。

〔註54〕《明神宗實錄》卷二五〇，萬曆二十年七月壬戌，第 4650 頁。

〔註55〕杜應芳、陳士彥：（萬曆）《河間府志》卷六《武備志‧兵變》，第 56 頁。

〔註56〕汪應蛟：《海防奏疏》卷一《倭氛未滅防禦宜周疏》，第 399～400 頁。

〔註57〕《明神宗實錄》卷二五二，萬曆二十年九月乙亥，第 4697 頁。

〔註58〕陳子龍：《明經世文編》卷三八九，楊俊民《邊餉漸增供億難繼酌長策以圖治安疏》，第 4206 頁。

〔註59〕《明神宗實錄》卷二四九，萬曆二十年六月乙巳，第 4639 頁。

〔註60〕《明神宗實錄》卷二五二，萬曆二十年九月癸酉，第 4695 頁。

〔註61〕《明神宗實錄》卷二七五，萬曆二十二年七月壬午，第 5090 頁。

　　萬曆二十五年五月，浙江巡撫劉元霖條議天津調兵事宜，建議挑選得力將領率領入衛薊鎮的浙兵，由內河調至天津，如議行〔註62〕。至萬曆二十五年九月，大學士張位也奏言，「天津、登萊、淮揚、南京、浙江、福建、廣東皆當預防，而前三門戶在北勢近，宜抽在南四處之兵前來應援」〔註63〕。萬曆二十五年十月，南京坐營游擊陳雲龍領水兵3000名馳赴天津〔註64〕。

　　天啓時期，畢自嚴任天津巡撫時，天津地區的客兵有浙直水兵、淮揚水兵、山東營、毛兵營、河南前營、河南後營等，「以徵調至者，凡得浙直水兵二千名，淮揚水兵四千六百名，江南水兵一千餘名，山東營兵二千名，河南前、後營兵五千名，又有毛兵營兵一千餘名，則半係徵調，半係招募者也。無何浙、直、淮、揚、山東、河南、毛兵等營，俱先後調發廣寧、山海、山東應援剿除，而津門新集諸兵已盈水、陸萬人之數，亦庶幾成一隊之師矣」〔註65〕。這些客兵中山東營新兵從山東濟南召募前來，初爲烏合之眾，漫無紀律，守備劉永昌練習有法，約束得宜，遂成一枝勁兵，有兵2000名。毛兵營兵丁初從僉事胡嘉棟渡海抵津，僅五六百人，之後又復逃散，不滿500名，統兵守備董世賢恩威兼濟，畢自嚴又令其陸續召募，共足1000人，賈勇拔距，綽有可觀。河南前營由參將翟子勳統領，有兵3000名。河南後營由守備周之禮統領，有營兵2000名，多南、汝、伊、雒間人，在天津訓練經年，能明步伐而習技擊，修戈矛而賦同仇〔註66〕。李邦華任天津巡撫時，天津的客兵有江南營水兵新改陸兵1000名、福建營3000名、淮兵營3000名、景州戍守營1000名〔註67〕。

　　崇禎十五年，調撥浙江客兵以加強天津地區的防守力量，天津巡撫翟鳳衝以杭州營守衛梁城守禦千戶所地方，這些客兵將懦兵驕，軍無紀律，閭閻驛騷。生員張鸞翼家殷富，客兵借搜察奸細爲名，將張鸞翼家搶掠一空，客兵見張鸞翼妻王氏少艾，因張鸞翼外出，遂欲行奸。王氏閉門詈罵，因形勢危急，王氏遂以菜刀自刎。乾隆《寶坻縣志》對此有如下評論，「大師壓境，

〔註62〕《明神宗實錄》卷三一〇，萬曆二十五年五月乙未，第5793～5794頁。
〔註63〕《明神宗實錄》卷三一四，萬曆二十五年九月壬辰，第5866頁。
〔註64〕《明神宗實錄》卷三一五，萬曆二十五年十月甲申，第5890頁。
〔註65〕畢自嚴：《石隱園藏稿》卷五《疏一·撫津事竣疏》，《景印文淵閣四庫全書》
　　　　第1293冊，臺北：商務印書館，1983年，第511頁。
〔註66〕畢自嚴：《石隱園藏稿》卷五《疏一·發兵會剿疏》，第507～508頁。
〔註67〕李邦華：《文水李忠肅先生集》卷三《撫津荼言·催請兵餉疏》，第120頁。

畿輔無援，而遠征浙兵反恣淫暴，至王氏慘死，而莫白其冤，時事尚可問耶？嗟嗟，王氏不死於來攻之師，而轉死於為衛之卒」〔註68〕。

（二）薊州客兵

明代嘉靖庚戌之變後，開始大規模徵調甘肅、固原、寧夏、宣府、遼東、延綏、大同等處軍隊入衛薊鎮〔註69〕。今天津薊縣在明代薊鎮防禦體系中隸屬馬蘭路，根據《四鎮三關志》記載，駐於馬蘭路的客兵有河南班軍營、保河民兵營，其他各路入衛客兵則未駐紮馬蘭路。茲根據《四鎮三關志》所載河南班軍營、保河民兵營的詳細情況，製成下表：

表2-1　明代薊鎮馬蘭路入衛客兵

營伍	設置時間	兵源	軍官設置	兵額	駐地
保河民兵營	嘉靖二十九年	保定、河間二府民兵	游擊1員 中軍1員 千總、把總14員	3000名	春、秋兩防俱赴三屯營操練，專候應援，春防派駐喜峰口，秋防派駐馬蘭路。
河南班軍營	隆慶三年	河南京操班軍	都司1員 中軍1員 千總、把總6員	2989名	每秋防駐紮馬蘭路防守。

注：上表根據《四鎮三關志》卷三《軍旅考・薊鎮軍旅》製成。

以上是駐紮馬蘭路的客兵情況，今天津薊縣在明代薊鎮防禦體系中屬於馬蘭路一部分，根據《四鎮三關志》的記載，上述保河民兵營、河南班軍營可能戍守於今天津薊縣境內。現存於天津薊縣黃崖關長城博物館的兩通修建邊牆石刻，記錄了萬曆十九年河南營班軍修建薊州邊牆的情況，其中有負責工程的春防河南營都司徐時雍、南陽衛指揮僉事潘體仁、河南衛指揮詹維曾、河南衛指揮李崇嗣、嵩所（石刻為「嵩所」，當指嵩縣守禦千戶所）副千戶張邦彥等。《四鎮三關志》僅記載河南班軍營秋防駐紮馬蘭路，而沒有河南班軍營春防的記載〔註70〕，根據這兩通石刻，我們知道河南班軍春防之時也戍守薊州，而且河南春防班軍至少包括來自河南衛、南陽衛、嵩縣守禦千戶所的

〔註68〕洪毓琳、蔡寅斗：乾隆《寶坻縣志》卷一三《列女・列節》，第139～140頁。
〔註69〕申時行：（萬曆）《明會典》卷一二九《兵部十二・鎮戍四・各鎮分例一・薊鎮》，第665頁。
〔註70〕劉效祖：《四鎮三關志》卷三《軍旅考・薊鎮軍旅》，第92頁。

軍士，這說明《四鎮三關志》中的記載不夠準確。至於河南班軍營春防班軍是否還有其他衛所的軍士，河南秋防班軍所屬衛所是否與春防班軍一致，以及保河民兵營是否戍守今天津境內，限於史料缺乏，筆者不敢臆測。

除上述河南班軍營、保河民兵營入衛客兵外，隆慶時期戚繼光調任薊鎮後，建議調用南兵防守薊鎮，南兵增一人，薊鎮入衛客兵即可減一人〔註71〕。隆慶五年九月，明穆宗命錦衣衛遣官至浙江選募戍守薊鎮的南兵〔註72〕。戚繼光《練兵實紀》記載薊鎮空心敵臺即由南兵防守，「今將召到南兵一萬，分布各臺，五名、十名不等，常川在臺，即以爲家，經年再不離臺、入宿人家，以此臺上時刻不致乏人，故此數年無虞，遇敵則擊斬全捷，五臺一把總，十臺一千總，節節而制之，官軍得以固守無恐，即大舉賊寇犯邊，攻必難入，亦難出，此修險隘之大收效最著者也」〔註73〕。現存於天津薊縣黃崖關村的「重建關王廟碑」碑文中有南兵千總王思明、南兵把總應廷喜，該碑刻於萬曆二十四年，由此可知南兵曾長期戍守薊州，萬曆十一年戚繼光調任廣東，此後南兵仍於薊州長期戍守。

第二節　天津營兵文職領導官員

一、巡撫

（一）保定巡撫

明代成化八年之前，北直隸地區的巡撫設置、裁革、演變極爲複雜。成化二年四月，設置巡撫，轄順天、永平二府，閻本以右僉都御史贊理軍務，巡撫順天、永平〔註74〕。成化五年四月，閻本兼巡撫眞定、保定等府，自永平、山海、涿州，抵眞定、保定關隘營堡，並河間、天津等處俱屬統理〔註75〕。之後未見有關該巡撫的記載，當被裁革。至成化七年閏九月，設置巡撫巡視

〔註71〕《明穆宗實錄》卷六○，隆慶五年八月戊午，第1474頁。

〔註72〕《明穆宗實錄》卷六一，隆慶五年九月乙酉，第1496頁。

〔註73〕戚繼光：《練兵實紀》卷六《車步騎營陣解下》，《景印文淵閣四庫全書》子部第34冊，臺北：商務印書館，1983年，第867～868頁。

〔註74〕雷禮：《國朝列卿紀》卷一一七《整飭薊州邊備兼巡撫順天等府左右副僉都御史年表》，《四庫全書存目叢書》史部第94冊，濟南：齊魯書社，1996年，第410頁。

〔註75〕《明憲宗實錄》卷六六，成化五年四月甲寅，第1323頁。

畿輔順天、永平、河間、眞定、保定、大名、廣平、順德八府〔註76〕。成化八年九月，兵科都給事中梁璟等奏言：「畿內八府境土廣遠，飢饉相仍，巡撫一人兼理邊備，卒遇有警，恐誤事機。乞以河間、保定以南六府專委都御史陳濂巡撫。其薊州、密雲直抵居庸一帶邊關，並順天、永平二府屬境乞更舉重臣一員專督，兼理巡撫之任」，明憲宗允准了這一奏議，北直隸分設二巡撫，左僉都御史張綱往薊州、永平、山海、密雲、居庸等處整飭邊備，兼巡撫順天、永平二府，河間、眞定、保定、大名、廣平、順德六府則專委都御史陳濂巡撫〔註77〕。此後保定巡撫屢革屢復，至正德五年八月復置後，保定巡撫常置不廢。

　　成化八年九月設立後，保定巡撫常駐眞定〔註78〕。到萬曆時期，每歲防秋時，保定巡撫移駐易州〔註79〕。汪應蛟任保定巡撫時，奏請「比照浙省撫臣事例，遇春月汛期，量帶標兵數百名前來天津駐紮，較閱水陸兵馬，督發出海，俟汛畢回鎮」，獲准施行，每歲春汛時，保定巡撫移駐天津〔註80〕。保定巡撫統轄河間、眞定、保定、大名、廣平、順德六府，天津事務也在保定巡撫管轄範圍之內。萬曆《明會典》也記載，天津兵備道即屬保定巡撫管轄〔註81〕。萬曆十四年，天津衛城曾進行修葺，這年六月保定巡撫題稱：「天津三衛城垣急宜增修，估計物料，應用錢糧共銀二萬二百二十四兩，要將天津三衛庫貯各項官銀一萬六千七百六十五兩，並河間府庫貯候解戶部米麥銀三千四百五十八兩動支置辦，限一年完報。」經部議後，這一奏請得到明神宗的允准〔註82〕，這一史料明確顯示保定巡撫對天津事務均有管轄權。在援朝戰爭的第一階段，除了經略、總督外，在天津地方實際負責海防事務的文職官員主要是保定巡撫。萬曆二十年九月，保定巡撫劉東星在奏疏中說，「今與總兵倪尙忠將十營汰多弱，選精銳，可得萬五千餘人，時操練，嚴紀律，倭不足擒也」〔註83〕。倪尙忠爲保定總兵官，劉東星爲保定巡撫，二人對天津

〔註76〕《明憲宗實錄》卷九六，成化七年閏九月癸亥，第1834頁。
〔註77〕《明憲宗實錄》卷一〇八，成化八年九月甲辰，第2097～2098頁。
〔註78〕申時行：（萬曆）《明會典》卷二〇九《都察院一·督撫建置》，第1041頁。
〔註79〕張廷玉：《明史》卷二二〇《辛自修傳》，第5799頁。
〔註80〕汪應蛟：《海防奏疏》卷二《酌議海防未盡事宜疏》，第410頁。
〔註81〕申時行：（萬曆）《明會典》卷一二八《兵部十一·鎮戍三·督撫兵備》，第661頁。
〔註82〕《明神宗實錄》卷一七五，萬曆十四年六月辛卯，第3233～3234頁。
〔註83〕《明神宗實錄》卷二五二，萬曆二十年九月乙亥，第4697頁。

駐軍進行汰選，可知這時保定巡撫對天津海防事務具有管轄權。

萬曆二十七年，援朝禦倭戰爭結束後，天津巡撫裁革，此後至天啓元年再次設置天津巡撫。在萬曆二十七年至天啓元年這段時間內，天津軍事仍由保定巡撫管轄。萬曆二十七年，汪應蛟臨就任保定巡撫時，在《酌議海防未盡事宜疏》中說，「秋汛之期臣既以防邊爲重，責令天津兵備道會同將官操練督發，倘有警息，則星夜馳報，相機調度，庶門戶之鎖鑰常嚴，海外之鯨鯢自戢」〔註84〕，可見天津巡撫裁革後，天津兵備道仍受保定巡撫管轄。

（二）天津巡撫

天津巡撫初設於萬曆二十五年九月，當時日本第二次侵略朝鮮，隨著天津戰略地位的提升，在天津地方設立備倭專官已是勢在必行。萬曆二十五年九月，大學士趙志皋疏言，「沿海邊衛均當預防，天津、登萊莫若添設備倭撫臣一員，南防中原，北壯神京，東障海島，此內防之最不可缺者」。大學士張位也奏言，「天津、登萊、淮揚、南京、浙江、福建、廣東皆當預防，而前三門戶在北勢近，宜抽在南四處之兵前來應援，天津特設巡撫、總兵，專治海上事務，續調水兵俱屬管領，與旅順、登萊、淮揚聲勢聯絡，以振軍威」。大學士沈一貫認爲津、萊同是一海，不得分而爲二，請於天津、登萊沿海居中處所設立一巡撫，率總兵、兵備、參、遊，總轄海道，北接遼東，南接淮安，首尾相應。趙志皋、張位、沈一貫的建議被採納，明神宗命推舉熟練兵事者以聞〔註85〕。萬曆二十五年九月初四日，趙志皋、張位、沈一貫等人奏請於天津設立海防巡撫。至本月初十日，明神宗即升山東右布政使萬世德爲都察院右僉都御史、海防巡撫〔註86〕。面對大臣們的奏請，長期怠政的神宗皇帝這次如此迅速地做出答覆，於天津設立巡撫一職，可知當時天津的海防形勢確實相當緊急。

關於這時天津海防巡撫的職權，如前所述，大學士張位在奏請設立時即疏言，天津海防巡撫「專治海上事務，續調水兵俱屬管領，與旅順、登萊、淮揚聲勢聯絡，以振軍威」〔註87〕，「其天津、登萊、遼海兵道皆屬統轄，濱海軍衛有司及各官兵俱聽調遣，俾其增設險隘，蓋造墩營，繕理戰船，都護

〔註84〕　汪應蛟：《海防奏疏》卷二《酌議海防未盡事宜疏》，第410頁。
〔註85〕　《明神宗實錄》卷三一四，萬曆二十五年九月壬辰，第5866～5867頁。
〔註86〕　《明神宗實錄》卷三一四，萬曆二十五年九月戊戌，第5871頁。
〔註87〕　《明神宗實錄》卷三一四，萬曆二十五年九月壬辰，第5866頁。

糧運，訓練士兵，安排火器。」〔註88〕沈一貫也在奏疏中建議天津海防巡撫「率總兵、兵備、參、遊總轄海道，北接遼東，南接淮安，首尾相應，多調浙、直、閩、廣慣戰舟師，相度機宜，進剿釜山、閒山及對馬島，救援朝鮮」〔註89〕，「各軍衛有司官員俱聽新設巡撫隨宜調用，一體舉劾，而本官仍聽薊遼總督節制。」〔註90〕。《明神宗實錄》卷三一九萬曆二十六年二月丁巳載，「查得海防撫鎮之責任，駐紮原無定所，自旅順至登萊皆其信地，旅順而北、登萊而南，皆得策應……撫臣帶親兵巡歷海上，春汛限以二月初旬爲始，六月初旬撤還，秋汛限以八月初旬爲始，十一月初旬撤還，擇北海適中之處，控扼提衡，無事畫地哨防，有警合營邀擊」〔註91〕。

從以上記載，我們可以知道：（一）在上下級統轄關係方面，天津巡撫管轄天津總兵、天津兵備道、登萊兵備道、遼海兵備道、參將、游擊等官，濱海軍衛有司及各官兵俱聽天津巡撫調遣，天津巡撫本官聽薊遼總督節制。（二）在轄區、防務方面，大學士沈一貫奏請設立天津巡撫時，明神宗說：「天津、登萊設立巡撫，專管海務，以圖戰守。」可知天津巡撫這時專職負責海上防務，並無陸上轄區，而且沒有固定駐紮處所，自旅順至登萊的海域皆是天津巡撫的海上防區，春汛限以二月初旬爲始，六月初旬撤還，秋汛限以八月初旬爲始，十一月初旬撤還。（三）在具體職責方面，天津巡撫負責增設險隘、蓋造墩營、繕理戰船、都護糧運、訓練士兵、安排火器等海防事務，無事則畫地哨防，有警則合營邀擊。

援朝禦倭戰爭期間，天津共有二任巡撫，分別爲萬世德和汪應蛟，萬世德於萬曆二十五年九月就任天津海防巡撫，至萬曆二十六年六月，萬世德受命經略朝鮮，汪應蛟繼任天津海防巡撫〔註92〕。萬曆二十六年十一月，露梁海之戰中，中朝聯軍大敗日本侵略者，歷時七年的反侵略戰爭取得徹底勝利。萬曆二十七年，朝鮮事寧，天津巡撫遂罷，汪應蛟改任保定巡撫〔註93〕。

〔註88〕南炳文、吳彥玲：《輯校萬曆起居注》萬曆二十五年九月四日壬辰，天津：天津古籍出版社，2010年，第1528頁。
〔註89〕《明神宗實錄》卷三一四，萬曆二十五年九月壬辰，第5868～5869頁。
〔註90〕南炳文、吳彥玲：《萬曆起居注》萬曆二十五年九月四日壬辰，第1530頁。
〔註91〕《明神宗實錄》卷三一九，萬曆二十六年二月丁巳，第5931～5932頁。
〔註92〕《明神宗實錄》卷三二三，萬曆二十六年六月丙子，第6008頁。
〔註93〕高凌雯：《天津縣新志》卷一七之一《職官》，《天津通志》（舊志點校本中），天津：南開大學出版社，1999年，第500頁。

　　天啓元年三月，遼陽城被後金攻佔，之後三河、鎮江、海州、復州、蓋州等地相繼陷落。由於天津承擔著遼東地區的軍需供應，遼陽等地失守後，天津的軍事重要性更加突出，「金、復、海、蓋皆爲敵有，計距天津盈盈一水，順風揚帆兩日可到，天津爲南北咽喉，年來遼左水、陸二運皆此轉輸，萬一奸人慫誘導之窺伺，爲患不小」〔註94〕。在這種形勢下，設置天津巡撫成爲明代君臣的共識，天啓元年四月初三，湖廣道御史方震孺奏請設置天津巡撫的建議經吏部覆議後，被明熹宗採納〔註95〕。同月初六，朝廷任命太僕寺少卿畢自嚴爲都察院右僉都御史，駐紮天津，備兵防海〔註96〕。同月十三日，鑄巡撫天津等處關防〔註97〕。五月初三日，畢自嚴開始就任天津巡撫〔註98〕。如此短的時間內，天津巡撫即迅速設立，可見這時朝廷對於天津軍事地位相當重視。

　　關於這一時期天津巡撫的轄區和職權，明熹宗賜予天津巡撫畢自嚴的敕書中說：「爾仍照新議兼巡撫天津等處管理防海事務，統轄天津道、府所屬州、縣、營、衛，並沿海武清、寶坻、灤州、樂亭及附隸衛所，凡一切海防軍務並地方平兵馬盜賊，保甲、城守事宜俱聽便宜行事，順、保巡撫一體預聞。至於錢糧詞訟，額例事規，或拖欠未完，或卷案未結，仍聽順、保巡撫管理，以免掣肘。舊設烽墩責成道、將刻期修葺，戰艦、運艘、火藥、器械俱聽從便製造，仍躬親踏勘海道要害，列營屯兵，著實教練，遠行哨探，調道各處兵馬分布發遣，一應水陸戰守事宜，與副總兵計議酌行。官兵不用命者，以軍法從事，爾仍聽督師輔臣總督節制。」〔註99〕

　　由上述天津巡撫畢自嚴的受命敕書，我們可以看出，這一時期天津巡撫具備了陸上軍事守禦職責，不再單純專飭海防，天津兵備道、天津三衛和位於武清縣的武清衛、位於寶坻縣的梁城守禦千戶所，均屬新設的天津巡撫管轄。除了海防職責外，天津巡撫還負責於天津、武清、寶坻等地平定盜賊，守護城池，還責成道、將修葺烽墩，製造軍械，調遣兵馬，訓練士卒，官兵有不用命者，天津巡撫有以軍法從事之權，一切戰守事宜與副總兵計議酌行，並受督師輔臣總督節制。

〔註94〕畢自嚴：《石隱園藏稿》卷五疏一《防海方新疏》，第500頁。
〔註95〕《明熹宗實錄》卷九，天啓元年四月甲戌，第426～427頁。
〔註96〕《明熹宗實錄》卷九，天啓元年四月丁丑，第437頁。
〔註97〕《明熹宗實錄》卷九，天啓元年四月甲申，第453頁。
〔註98〕畢自嚴：《石隱園藏稿》卷五《疏一‧錢糧不繼疏》，第501頁。
〔註99〕畢自嚴：《餉撫疏草》卷七《繳敕疏》，第379～380頁。

　　崇禎四年十一月，明朝設置山永巡撫，轄區爲永平府及山海關地區，故天津巡撫所轄之武清、寶坻、灤州、樂亭一州三縣悉歸山永巡撫，至明亡不變〔註100〕。

二、兵備道

（一）密雲兵備道

　　根據《四鎮三關志》卷八《職官考》的記載，密雲兵備道初設於正統十四年，初爲協助巡撫分理訟獄，尋議罷。弘治九年，復設密雲兵備道一員，整飭黃花至山海等地方，列銜山東〔註101〕。《四鎮三關志》卷七《制疏考》收錄有萬曆二年錢藻升任密雲兵備副使的受命敕書，「今特命爾整飭密雲等處兵備，管理石塘嶺、古北口、牆子嶺三路，駐紮密雲縣，分管密雲縣、通州、三河、寶坻、香河、平谷各州縣，密雲中、後，通州左、右，神武中，定邊，興州後屯九衛，梁城守禦千戶所，專一撫處夷情，聽理詞訟，備葺城池，操練人馬，查處主、客錢糧，督修關營、墩牆，整理神器甲仗，備蓋營房、倉庫」〔註102〕。萬曆《明會典》中記載，「密雲兵備一員管理石塘嶺、古北口、曹家寨、牆子嶺四路，監督副、參等官，分管通州、密雲、三河、寶坻、平谷五州縣，密雲中、後衛，通州左、右衛，神武中衛，定邊衛，興州後衛，營州後屯，前屯，中屯衛，梁城守禦千戶所兵馬、錢糧兼屯田」〔註103〕。對比《四鎮三關志》與《明會典》可以發現，密雲兵備道所轄地方和軍衛有所變化，然而屬於今天津地區的寶坻縣和梁城守禦千戶所始終由密雲兵備道管轄。

　　密雲兵備道與天津兵備道的轄區相鄰，根據《經略復國要編》的記載，萬曆二十年十月，天津兵備副使梁玉龍、密雲兵備副使王見賓說，草頭、水道二沽連於一處，並屬天津、密雲二兵備道，密雲路遠，防守頗難，天津切近，兼攝甚易。況且密雲兵寡而天津兵多，於是二人建議以兩道班軍守草頭、水道二沽，而以天津新設副總兵兼攝之〔註104〕，可知草頭、水道二沽爲天津

〔註100〕靳潤成：《明朝的天津巡撫及其轄區》，《歷史教學》，1996年第8期。

〔註101〕劉效祖：《四鎮三關志》卷八《職官考・薊鎮職官・文秩》，第442頁。

〔註102〕劉效祖：《四鎮三關志》卷七《制疏考・敕密雲兵備山東布政司參議錢藻》，第233頁。

〔註103〕申時行：（萬曆）《明會典》卷一二八《兵部十一・鎮戍三・督撫兵備》，第661頁。

〔註104〕宋應昌：《經略復國要編》卷二《議設薊遼保定山東等鎮兵將防守險要疏》，第33～34頁。

兵備道、密雲兵備道的交界之處。日本侵略朝鮮後，爲增強地方協同防禦、
作戰能力，袁黃認爲國家之事義切奉公，情同一體，天津、密雲分爲二道頗
爲不便，建議天津、密雲二道應相互協同、配合，不得自分彼此〔註105〕，袁
黃的建議具有相當的戰略眼光。

　　《四鎮三關志》卷八《職官考》記載，弘治九年，密雲兵備道復設時，
整飭黃花至山海等地方，駐紮薊州。嘉靖二十九年增設薊州兵備道，密雲兵
備道止隸密雲一道地方〔註106〕。根據這一記述，嘉靖二十九年增設薊州兵備
道之前，薊州屬於密雲兵備道管轄地域，位於薊州的薊州衛、鎮朔衛、營州
右屯衛也由密雲兵備道管轄。至嘉靖二十九年增設薊州兵備道後，薊州和位
於薊州的薊州衛、鎮朔衛、營州右屯衛開始由薊州兵備道管轄。前述錢藻於
萬曆二年升任密雲兵備副使時，薊州兵備道已經設立，所以明神宗賜予錢藻
的敕書中，並無提及薊州。同樣的原因，成書於萬曆時期的《明會典》在密
雲兵備道的管轄範圍中也沒有提及薊州。

　　由於密雲兵備道位於北部邊地，所以除了一般兵備道的職能外，密雲兵
備道的職責與北部邊地環境密切相關。由於密雲兵備道與薊州兵備道均位於
北部邊地，具有密切的淵源關係，所以關於密雲兵備道與薊州兵備道的淵源
關係將下文薊州兵備道中作詳細論述。

（二）天津兵備道

　　明代在成化、弘治時期，兵備道一職開始在各地陸續設立。天津東濱大
海，北拱京師，爲水路咽喉要地，由於沒有有司鈐束，以致奸盜竊發，軍政
廢弛，地方騷擾不寧，所以弘治三年刑部侍郎白昂奏請於天津設立兵備官一
員，以彈壓地方。這年十一月十七日，明孝宗允准了這一奏請，增設山東按
察司副使一員，整飭天津等處兵備，命劉福爲首任天津兵備〔註107〕。明代兵
備道官員通常具有提刑按察使司副使、僉事之銜，也有部分官員官銜爲承宣
布政使司參政、參議。由於明代南、北直隸未設提刑按察使司和承宣布政使
司，所以南、北直隸的兵備道官員往往寄銜於鄰近提刑按察使司或承宣布政
使司。根據張廷玉《明史》的記載，北直隸之道寄銜於山東者爲密雲、大名、
天津、霸州等道，寄銜於山西者則爲易州、口北、昌平、井陘、薊州、永平

〔註105〕劉邦謨、王好善：《寶坻政書》卷一○《防倭二議》，第 404 頁。
〔註106〕劉效祖：《四鎮三關志》卷八《職官考・薊鎮職官・文秩》，第 442 頁。
〔註107〕《明孝宗實錄》卷四五，弘治三年十一月乙未，第 909 頁。

等道〔註108〕，可知天津兵備道寄銜於山東。

天津、密雲、霸州兵備道寄銜於山東，其俸糧、皂隸於山東支應，頗爲不便。弘治十二年十月，經戶部會議，天津兵備的俸糧、皂隸改於河間府撥給，明孝宗允准了這一奏請〔註109〕。而到明世宗嘉靖四十年七月，由於山東地區發生饑荒，巡撫都御史朱衡在上疏中奏請，將直隸守巡、兵備等官寄銜於山東者的柴俸、夫馬銀改於所轄州縣支給，其中包括密雲、天津、霸州等兵備道。經兵部覆議，天津兵備道的柴俸、夫馬銀改於所轄州縣支給，而密雲、霸州等地同樣遭遇災荒，所以密雲、霸州兵備道的柴俸、夫馬銀仍於山東撥給〔註110〕。由此可知，嘉靖四十年七月之前，天津兵備道的柴俸、夫馬銀仍於山東支給，弘治十二年十月，天津兵備俸糧、皂隸改於河間府撥給並未最終堅持。

關於天津兵備道的轄區，明孝宗在賜予劉福的敕書中有言，「今特命爾整飭彼處兵備，專在天津駐紮，自天津至德州止，沿河附近軍衛、有司衙門悉聽管轄」〔註111〕。由敕書可以知道，天津兵備道管轄天津至德州的軍衛、有司。至弘治六年十月，整飭天津兵備山東按察司副使劉福兼理河間府滄州民事〔註112〕，自此滄州也成爲天津兵備道的管轄區域。而且不僅侷限於民事，萬曆《明會典》中記載，「天津兵備一員專在天津、滄州二處來往，所管自天津起德州止，並河間、滄州軍衛有司兵馬、錢糧兼屯田、河道」〔註113〕。正德六年四月，霸州兵備道一度裁革，初由天津管屯僉事兼管霸州等處兵備〔註114〕，正德九年二月，兵部以屯田官兼理兵備非便，命整飭天津等處兵備副使蔣曙兼管霸州等處兵備〔註115〕。正德十六年六月，霸州兵備道再次復設，天津兵備道的轄區恢復到以前的狀況。萬曆二十年十一月，爲加強海防，防止倭奴入犯，天津兵備道梁雲龍稱，其所轄區域南自鄭家溝山東海豐縣界起，北至大沽海口密雲道寶坻縣界止，各海口險要分布兵馬計一萬八千餘名〔註116〕，這明確記述了天津兵備道的管轄地域。

〔註108〕張廷玉：《明史》卷七五《職官四》，第1845頁。

〔註109〕《明孝宗實錄》卷一五五，弘治十二年十月丙辰，第2787頁。

〔註110〕《明世宗實錄》卷四九九，嘉靖四十年七月乙未，第8260頁。

〔註111〕《明孝宗實錄》卷四五，弘治三年十一月乙未，第909頁。

〔註112〕《明孝宗實錄》卷八一，弘治六年十月庚午，第1557頁。

〔註113〕申時行：（萬曆）《明會典》卷一二八《兵部十一·鎮戍三·督撫兵備》，第661頁。

〔註114〕《明武宗實錄》卷七四，正德六年夏四月丙戌，第1631頁。

〔註115〕《明武宗實錄》卷一〇九，正德九年二月甲辰，第2236頁。

〔註116〕宋應昌：《經略復國要編》卷三《移山東巡撫諮》，第57頁。

　　關於天津兵備道的職責，首任整飭天津兵備副使劉福的受命敕書中記載，「自天津至德州止，沿河附近軍衛、有司衙門悉聽管轄，爾須不時往來，巡歷操練兵馬，修理城池，禁革奸弊，遇有盜賊生發，即督應捕官員率領軍夫、民快、火甲相機撲捕，勿令滋蔓。巡司、驛遞衙門損壞，即與修理。兵夫、吏役人等，時常點閘。河道淤淺，與巡河御史、工部管河官會議疏濬。運糧官民船隻往來停泊，須令人防護，勿致劫害。一應軍民詞訟應受理者，即與問理，官員有犯，文職五品以下聽爾拏問，五品以上並軍職奏聞區處」〔註117〕。《新校天津衛志》也記載，弘治四年「設按察司副使，奉敕整飭天津等處，整飭操練軍馬，修濬城池，禁革奸弊，問理詞訟，兼管運河事宜」〔註118〕。由此我們可以知道，操練兵馬、修濬城池、禁革奸弊、督捕盜賊、問理詞訟、綏輯軍民、疏濬河道、管理糧船等，均為天津兵備道的職責所在。

　　彈壓所轄地方的軍衛、有司，操練兵馬，守禦地方，是天津兵備道的重要任務。正德六年，劉六、劉七等在直隸地區起事，次年三月，陳天祥受命充任整飭天津兵備副使，在巡撫保定都御史蕭翀指揮下，陳天祥與分守保定副總兵王欽、真定守備孫懷、河間守備袁彪，調集附近官軍、兵快及達官軍舍隨賊所在，出奇剿殺〔註119〕。正德六年五月，天津兵備副使陳天祥督兵捕獲賊首大保及其黨13人，詔升陳天祥俸一級〔註120〕。陳天祥嚴號令，守要害，隨方備禦，一方獲安。由於軍功卓著，正德六年五月，陳天祥升太僕寺少卿，仍管兵備事〔註121〕，至九月陳天祥再升都察院右僉都御史，仍督捕盜賊〔註122〕。查閱萬曆《河間府志》《新校天津衛志》《天津縣新志》等書中歷任天津兵備道的事蹟，嘉靖三十三年升任天津兵備道的毛愷「稽屯田，汰冗弁」〔註123〕，彭國光和梁雲龍均於萬曆防倭之時充任天津兵備道，

〔註117〕《明孝宗實錄》卷四五，弘治三年十一月乙未，第909頁。

〔註118〕薛柱斗、高必大：《新校天津衛志》卷二《官職》，第99頁。此處記載整飭天津兵備副使設於弘治四年，而《明孝宗實錄》卷四五弘治三年十一月乙未條記載，整飭天津兵備副使設於弘治三年。《明孝宗實錄》中的記載應為朝廷決議的時間，而《新校天津衛志》中的時間應為劉福實際到任時間，二者著眼點不同，均為不謬。

〔註119〕《明武宗實錄》卷七三，正德六年三月丁巳，第1605～1606頁。

〔註120〕《明武宗實錄》卷七五，正德六年五月壬戌，第1650～1651頁。

〔註121〕《明武宗實錄》卷七五，正德六年五月壬申，第1656頁。

〔註122〕《明武宗實錄》卷七九，正德六年九月癸丑，第1724頁。

〔註123〕高凌雯：《天津縣新志》卷一八《吏政（一）》，第598頁。

《新校天津衛志》對彭國光的評價為，「美政難以殫述，而調停驛遞之苦、經理防倭之務乃其大者」，對梁雲龍則讚譽到，「南北兵集，戰守用裕，津門鎖鑰既嚴，神京保障益固」〔註124〕。由彭國光、梁雲龍的事蹟可知，援朝禦倭戰爭爆發後，天津兵備道具有整飭海防的權利，而之前由於明代北部海防形勢緩和，所以天津兵備道並無明確的整飭海防的權利。關於天津兵備道整飭海防的權利，將在本文第三章中進行論述。

由於整飭兵備道一職並非明代祖制，所以其職責在受命敕書中因時損益，同一地方不同時期的兵備道官員職責多有變化。除前述劉福受命敕書外，《四鎮三關志》卷七《制疏考》收錄有萬曆二年安嘉善升任天津兵備副使的受命敕書，「今特命爾整飭天津等處兵備兼理馬政、河道，專在天津、滄州二處往來駐紮，自天津以南至德州止，並河間、滄州軍衛有司衙門悉聽管轄，務要不時巡歷，操練軍馬，修理城池，禁革奸弊，督捕盜賊，問理刑名」〔註125〕。與劉福就任時的敕書相對比，安嘉善增加了管理馬政的職責。總體來說，兵備道的職責相當廣泛，特別是天津三衛地方只有軍衛，沒有有司，所以天津兵備道的職掌更是繁鉅，倫以訓在《天津兵備分司題名記》中說，天津兵備道「雖以兵備為名，而民事、財賦、河道、刑獄無不兼領，地雄而任專，非他藩臬分道者可比」〔註126〕。

除天津地方外，天津兵備道對別處地方的軍事和其他事物也有一定的參與。嘉靖三十一年，薊遼總督楊博認為薊鎮防秋止時密雲、薊州、昌平兵備三道往來督理，地方廣遠，防守不周。因此，楊博建議將「霸州兵備副使溫景葵、天津兵備副使雷夢麟、山西分巡冀北道僉事董邦政於防秋之時俱調用於薊鎮，天津兵備雷夢麟駐紮石塘嶺，提調本區；密雲兵備李尚智駐紮古北口，提調本區；山西分巡冀北道僉事董邦政駐紮牆子嶺，提調本區；薊州兵備伊介夫駐紮太平寨，提調太平、馬蘭谷二區；霸州兵備溫景葵駐紮燕河營，提調燕河、石門二區；昌平兵備栗永祿仍駐昌平，往來提調鎮邊、黃花鎮二區。各官對於分定地方要親自查勘，要見牆垣、關營堅完可守若干，損壞應修若干，一面督同參將等官計功修理，一面呈報，其餘教練軍士、整點火器、

〔註124〕薛柱斗、高必大：《新校天津衛志》卷二《官職》，第114頁。
〔註125〕劉效祖：《四鎮三關志》卷七《制疏考·敕天津兵備山東按察司副使安嘉善》，第236頁。
〔註126〕杜應芳、陳士彥：(萬曆)《河間府志》卷九《宦績志下》，第1頁。

嚴明哨探、區處芻糧、收斂人畜等事宜，也要逐一整理停妥。防秋之日各官須同將領晝夜拒守，果能處置有方，使賊匹馬不能入邊，容臣具奏甄錄，如或因循誤事，一體參治」〔註127〕。根據《四鎮三關志》的記載，嘉靖四十四年之前，北直隸眞定、保定、河間、廣平、順德、大名等六府共招募民兵 6000名，列爲二營，分屬四道，易州、天津二道共 3000 名爲一營，井陘、大名二道共 3000 名爲一營，平時各道操練。每年六月初，屬易州、天津二道者付河間守備，屬井陘、大名二道者付眞定守備，聽候防禦入援，待掣兵回日，仍歸各道操練〔註128〕。根據萬曆《河間府志》記載，萬曆四十年，天津兵備道高邦佐再次創立武學，武學由兵備道專管，不隸提學使者。武生能文、中學院試者，可以進儒學學習〔註129〕。根據畢自嚴《度支奏議》新餉司卷三《題覆田錦衣條議餉運疏》的記述，天津兵備道除了掌管地方兵馬、錢穀、刑名等項，至崇禎初年又兼理直隸八府鹽法。

　　關於天津兵備道與相關文、武官員的關係，弘治三年首任天津兵備副使劉福的受命敕書中記載，「其操練一事，河間、德州已有署都指揮薛瑛等專官，爾不必預。天津則分守通州署指揮同知王宣已嘗往來提督，爾須協和行事，但有捕盜事情應與薛瑛、王宣約會者計議而行，仍聽經該巡撫都御史節制」〔註130〕。萬曆二年安嘉善升任天津兵備副使時的敕書中載，「捕盜事情有應與霸州兵備官、通州分守官議處者，協和計議停當而行，仍聽經該巡撫提調」〔註131〕。成化十五年二月，通州鎮守改爲分守，通州鎮守、通州分守均管轄天津地區的武備，所以天津兵備道在有軍事行動時，須與通州鎮守、通州分守計議而行。兩個敕書中所說的巡撫指保定巡撫，保定巡撫管轄居庸關以南河間、眞定、保定、大名、廣平、順德六府，天津爲保定巡撫轄區，所以天津兵備道受保定巡撫節制。天啓元年四月，復設後的天津巡撫擁有陸上轄區，明熹宗在賜予天津巡撫畢自嚴的敕書中說，「爾仍照新議兼巡撫天津等處管理防海事務，統轄天津道、

〔註127〕劉效祖：《四鎮三關志》卷七《制疏考・總督侍郎楊博兵備分地畫守疏略》，第 284 頁。

〔註128〕劉效祖：《四鎮三關志》卷七《制疏考・巡撫都御史張師載爲專設將領疏略》，第 383 頁。

〔註129〕杜應芳、陳士彥：（萬曆）《河間府志》卷三《廟學誌》，第 76 頁。

〔註130〕《明孝宗實錄》卷四五，弘治三年十一月乙未，第 909 頁。

〔註131〕劉效祖：《四鎮三關志》卷七《制疏考・敕天津兵備山東按察司副使安嘉善》，第 236 頁。

府所屬州、縣、營、衛，並沿海武清、寶坻、灤州、樂亭及附隸衛所」〔註132〕，天津兵備道這時開始轉由天津巡撫節制。

　　劉瑾專權之時，多所更張，正德二年二月，吏部奉旨查議內外大小官員應否裁革者以聞，奉旨天津、臨清等兵備副使俱裁革別用〔註133〕。當時任天津兵備道的是柳尚義，兵備司衙門裁革後，柳尚義以御史於本處捕盜〔註134〕。正德五年十月，劉六、劉七等在霸州聚眾起事，橫掃畿輔，勢如風雨。爲剿滅盜賊，肅清地方，正德六年三月，朝廷再次設立天津兵備道一職，由陳天祥充任，此後天津兵備道常設。然而萬曆十四年後，明神宗長期怠政，從中央到地方，各級衙門嚴重缺官，天津兵備道一職也曾由易州兵備道代管。萬曆二十四年六月，吏科給事中劉道亨奏言「廢官」、「侵官」之害時，指出「天津北拱神京，南通運河，舳艫之會，冠蓋之場，鴨綠揚帆三日可至，今該道缺，而以易州道帶管之，則孤懸可慮也」〔註135〕，奏請任命天津兵備道官員，結果奏疏留中不發。

（三）霸州兵備道

　　正德五年十月，劉六、劉七在霸州起事，旬日之間聚眾數千人，屢敗官軍〔註136〕。根據嘉靖《霸州志》卷六《秩官志》的記述，正德六年因爲流賊蜂起，朝廷特設山東按察司僉事一員，整飭霸州等處兵備〔註137〕，命天津管屯僉事許承芳兼管霸州等處兵備〔註138〕。劉六、劉七等被鎮壓後，霸州兵備道也被裁革，由天津兵備道對其原轄區進行兼管，正德九年二月，命整飭天津等處兵備副使蔣曙兼管霸州等處兵備〔註139〕。正德十六年六月，兵備言：「霸地多盜，兵備不宜省，但舊管一州六縣，今宜如御史歐珠議，割天津爲界，自河西直抵紫荊關通屬之。」奉旨復設霸州兵備道，調四川按察司副使張思齊爲山東按察司副使，管理霸州兵備〔註140〕，自河西抵紫荊關均由霸州兵備

〔註132〕畢自嚴：《餉撫疏草》卷七《繳敕疏》，第380頁。

〔註133〕《明武宗實錄》卷二三，正德二年二月乙酉，第639頁。

〔註134〕薛柱斗、高必大：《新校天津衛志》卷二《官職》，第108～109頁。

〔註135〕《明神宗實錄》卷二九八，萬曆二十四年六月癸丑，第5585頁。

〔註136〕高岱：《鴻猷錄》卷一二《平河北寇》，《續修四庫全書》第389冊，上海：上海古籍出版社，2002年，第366頁。

〔註137〕周復俊、高濬：（嘉靖）《霸州志》卷六《秩官志》，《天一閣藏明代方志選刊》第6冊，上海：上海書店，1963年，第131頁。

〔註138〕《明武宗實錄》卷七四，正德六年四月丙戌，第1631頁。

〔註139〕《明武宗實錄》卷一〇九，正德九年二月甲辰，第2236頁。

〔註140〕《明世宗實錄》卷三，正德十六年六月丁亥，第121頁。

道管轄，武清縣、武清衛即屬霸州兵備道管轄範圍之內。

　　《明世宗實錄》卷五五〇記載，嘉靖四十四年九月之前，武清、漷縣在河西，屬霸州道；香河縣在河東，屬密雲道，每遇失事，輒相推諉。於是撫、按官言其不便，請將香河縣、營州屯衛改隸霸州道，奉旨允行，霸州兵備道的轄區擴至河東香河縣〔註141〕。在地方志中，也有霸州兵備道管轄武清的記載，萬曆《順天府志》記載，武清縣本無城垣，正德六年流賊橫行，知縣陳希文始築土垣。至嘉靖二十二年，整飭霸州等處兵備楊大章因武清城內多曠地，於是截去東、北二面，乃築土城，樹以女牆〔註142〕。不僅武清縣城垣由霸州兵備道主持修築，隆慶六年修築河西務城時，霸州兵備副使吳兌、宋守約均曾參與主持，新築的河西務城周 635 丈，高 2 丈，下厚 1 丈，上厚 1 丈，雉堞 885，樓 4 座，隍深 8 尺〔註143〕。多任霸州兵備道參與主持武清縣、河西務城池的修築，都證明霸州兵備道管轄武清地方。

（四）薊州兵備道

　　據光緒《順天府志》載，「薊州道，弘治九年置，治薊州，十一年徙治密雲，嘉、隆間復置道於薊州」〔註144〕。《明孝宗實錄》也載，弘治十二年十月丙辰，戶部會議巡撫等官上孝宗皇帝書，其中之一曰，「天津及薊州兵備副使舊注銜山東，俸糧、皂隸支應不便，請令天津兵備於河間，薊州兵備於永平撥給，所乘馬則於附近驛分給之」〔註145〕，這顯示弘治十二年十月丙辰之前，薊州兵備道已經設立。查閱相關地方志，嘉靖《薊州志・官秩志》、康熙《薊州志・官秩志》、雍正《畿輔通志・職官》、道光《薊州志・官秩志》、民國《重修薊縣志・官師志》等均明確載有明代薊州兵備道歷任官員的姓名、籍貫、出身等信息外，並將弘治時期的張璉列為薊州兵備道首任官員。從上來看，明薊州兵備道似應設立於弘治時期。

　　與上述各書記載明顯不同的是，明人劉效祖所著《四鎮三關志》有如下

〔註141〕《明世宗實錄》卷五五〇，嘉靖四十四年九月乙巳，第 8857 頁。

〔註142〕沈應文、張元芳：(萬曆)《順天府志》卷二《營建志・城池・武清縣》，《四庫全書存目叢書》史部第 208 冊，濟南：齊魯書社，1996 年，第 40 頁。

〔註143〕吳翀、曹涵：(乾隆)《武清縣志》卷一《城池》，清乾隆七年刻本，第 12 頁。

〔註144〕周家楣、繆荃孫：(光緒)《順天府志》卷八〇《官師九・明司道同知通判表七》，《續修四庫全書》第 685 冊，上海：上海古籍出版社，2002 年，第 251 頁。

〔註145〕《明孝宗實錄》卷一五五，弘治十二年十月丙辰，第 2787 頁。

記載，「薊州兵備按察分司，嘉靖二十九年建於薊州城」〔註146〕。《四鎮三關志》中「薊州兵備」條下有如下小注，「弘治九年設密雲等處兵備一員，通轄薊、永地方。十一年，移駐密雲。嘉靖二十九年，始設按察司副使一員，列銜山東或山西，駐紮薊城，隸薊州一道地方」〔註147〕。「密雲兵備」條下有如下小注，「正統十四年設，初爲巡撫分理訟獄，尋議罷。弘治九年，復設整飭黃花至山海等地方按察司副使一員，山東列銜，駐紮薊州。十一年，移駐密雲。嘉靖二十九年增設薊州道，止隸密雲一道地方」〔註148〕。根據以上記載，《四鎮三關志》認爲薊州兵備道設於嘉靖二十九年，駐紮薊州，而在此之前薊州屬於密雲兵備道的轄區，而且曾是密雲兵備道的駐地。那麼，明代薊州兵備道究竟設立於何時，密雲兵備道與薊州兵備道具有怎樣特殊的關係，我們查閱相關地方志以探究竟。

民國《密雲縣志》中記載有明代隆慶朝之前密雲兵備道的任職官員，雍正《畿輔通志》中記載有明代嘉靖朝之前薊州兵備道的任職官員，茲將兩書中的任職官員對比如下：

表2-2　密雲兵備道、薊州兵備道官員對照表

名稱	弘治	正德	嘉靖	隆慶
密雲兵備道	姜永 張璉 錢承德 何琛	朱塗 王玹 羅恂	熊相、葉珩、劉淑相、陳大綱、陳嘉言、裴驦、谷高、高金、段續、喻智、沈師賢、徐汝珪、王誥、王輪、孫國	李蓁、汪淶、張子順、李尚智、盧鎰、張學顏、張守中、王一鍔、凌雲翼、王惟寧、隨府、王之弼
薊州兵備道	張璉 錢承德 何琛	朱塗 王玹 羅恂	熊相、葉珩、劉淑相、陳大綱、裴驦、陳嘉言、谷高、谷金、段續、喻智、沈師賢、徐汝珪、王誥、王輪、孫國、劉熹、趙文耀、陸坤、趙忻、伊介夫、商誥、紀公巡、羅瑤	

注：此表根據民國《密雲縣志》卷三之二《表二·職官》、雍正《畿輔通志》卷五九《職官》而製。

〔註146〕劉效祖：《四鎮三關志》卷八《職官考·薊鎮職官·部署》，第426頁。
〔註147〕劉效祖：《四鎮三關志》卷八《職官考·薊鎮職官·文秩》，第442頁。
〔註148〕劉效祖：《四鎮三關志》卷八《職官考·薊鎮職官·文秩》，第442頁。

從上表我們可以看出，從弘治八年七月任密雲兵備道的張璉〔註149〕，至嘉靖三十年正月在密雲兵備道任上的孫國〔註150〕，在這長達 50 餘年的時間內，密雲兵備道和薊州兵備道的官員及其任職次序驚人地一致。顯然，如此眾多的官員不可能在同樣的時間內、以同樣的任職順序做到一身二任。因此我們可以肯定從弘治朝的張璉至嘉靖朝的孫國，這些官員所履任的必爲同一官職。不僅如此，對比這兩個職官表，我們可以看出自劉燾開始，薊州兵備道官員才開始與密雲兵備道明顯不同。又據明實錄記載，劉燾就任薊州兵備道的時間爲嘉靖二十九年九月〔註151〕。由此我們可以推斷，從嘉靖二十九年九月劉燾任職開始，雍正《畿輔通志》所載薊州兵備道職官表與民國《密雲縣志》所載密雲兵備道職官表中的官員開始履任兩個不同的官職。

查閱明代各朝實錄，在弘治元年至嘉靖二十九年的 60 餘年中，有關薊州兵備道的記載僅出現 1 次，即本文開始所引之「天津及薊州兵備副使舊注衙山東，俸糧、皂隸支應不便，請令天津兵備於河間，薊州兵備於永平撥給，所乘馬則於附近驛分給之」〔註152〕，而有關密雲兵備道的記載在明實錄中卻出現了 24 次〔註153〕。弘治八年七月，經兵部主事歐鉦奏請，朝廷復設密雲兵備副使，以加強京師防禦〔註154〕。同月，朝廷升監察御史張璉爲山東按察司副使，往密雲等處整飭邊備，爲復設之後的首任密雲兵備道官員〔註155〕。除

〔註149〕《明孝宗實錄》卷一○二，弘治八年七月癸卯，第 1876 頁。
〔註150〕《明世宗實錄》卷三六九，嘉靖三十年正月庚寅，第 6596 頁。
〔註151〕《明世宗實錄》卷三六五，嘉靖二十九年九月庚申，第 6535 頁。
〔註152〕《明孝宗實錄》卷一五五，弘治十二年十月丙辰，第 2787 頁。
〔註153〕分別爲：《明孝宗實錄》卷一○二，弘治八年七月甲午；卷一○二，弘治八年七月癸卯；卷一一七，弘治九年九月庚申；卷一三九，弘治十一年七月丁巳；卷一五一，弘治十二年六月癸巳；卷一七九，弘治十四年九月戊子；卷一八八，弘治十五年六月丁巳；卷二一三，弘治十七年六月丁亥；卷二一九，弘治十七年十二月丙子；《明武宗實錄》卷三，弘治十八年秋七月甲午；卷三九，正德三年六月壬午；卷一一○，正德九年三月壬辰；卷一一二，正德九年五月甲申；卷一六四，正德十三年七月丙午；《明世宗實錄》卷一四，嘉靖元年五月丁巳；卷二六，嘉靖二年閏四月乙卯；卷一四六，嘉靖十二年正月戊辰；卷一七○，嘉靖十三年十二月戊午；卷二二三，嘉靖十八年四月甲寅；卷二三一，嘉靖十八年十一月辛酉；卷二三七，嘉靖十九年五月壬子；卷二五六，嘉靖二十年十二月庚辰；卷二六五，嘉靖二十一年八月壬辰；卷二九九，嘉靖二十四年五月辛卯。
〔註154〕《明孝宗實錄》卷一○二，弘治八年七月甲午，第 1868 頁。
〔註155〕《明孝宗實錄》卷一○二，弘治八年七月癸卯，第 1876 頁。

張璉外，雍正《畿輔通志》與民國《密雲縣志》雷同官員中的錢承德、何琛、
朱塗、王玹、熊相、高金、段續、徐汝珪等人，在明實錄中均有其在密雲兵備
道任上的任職記載〔註156〕，而明實錄中並無以上人員擔任薊州兵備道的任何
信息。故此我們可以得出，在弘治至嘉靖二十九年之前，密雲兵備道確存無
誤，而薊州兵備道在這一時期內是否存在則令人質疑。

如前所述，薊州兵備道的記載首次出現於弘治十二年十月，而在此後 60
餘年中，明實錄中再未出現關於薊州兵備道的任何記載。明實錄第二次出現
薊州兵備道的記載爲嘉靖二十九年九月，「升僉事劉燾添注薊州兵備副使，以
提督侍郎孫檜薦也」〔註157〕。自此之後，薊州兵備道的相關記載在明代各朝
實錄中出現的次數分別爲世宗朝 8 次〔註158〕，穆宗朝 4 次〔註159〕，神宗朝
28 次〔註160〕，熹宗朝 16 次〔註161〕。即自嘉靖二十九年至天啓七年的 70 餘

〔註156〕《明孝宗實錄》卷一七九，弘治十四年九月戊子；卷二一九，弘治十七年十
二月丙子；《明武宗實錄》卷一一〇，正德九年三月壬辰；卷一一二，正德九
年五月甲申；《明世宗實錄》卷一四，嘉靖元年五月丁巳；卷二二三，嘉靖十
八年四月甲寅；卷二三七，嘉靖十九年五月壬子；卷二九九，嘉靖二十四年
五月辛卯。

〔註157〕《明世宗實錄》卷三六五，嘉靖二十九年九月庚申，第 6535 頁。

〔註158〕《明世宗實錄》卷三六五，嘉靖二十九年九月庚申；卷三八五，嘉靖三十一
年五月庚子；卷三九三，嘉靖三十二年正月癸卯；卷四〇六，嘉靖三十三年
正月辛未；卷四六六，嘉靖三十七年十一月庚寅；卷四六八，嘉靖三十八年
正月癸酉；卷四七三，嘉靖三十八年六月戊午；卷五〇九，嘉靖四十一年五
月丙戌。

〔註159〕《明穆宗實錄》卷二〇，隆慶二年五月辛亥；卷二一，隆慶二年六月癸巳；
卷五〇，隆慶四年十月庚戌；卷六二，隆慶五年十月壬子。

〔註160〕《明神宗實錄》卷一三，萬曆元年五月戊戌；卷一四，萬曆元年六月乙卯；
卷一五，萬曆元年七月壬辰；卷七九，萬曆六年九月乙卯；卷八三，萬曆七
年正月癸酉；卷一四二，萬曆十一年十月甲寅；卷一六二，萬曆十三年六月
壬子；卷一六二，萬曆十三年六月壬戌；卷一八六，萬曆十五年五月丁巳；
卷一九五，萬曆十六年二月壬戌；卷二〇六，萬曆十六年十二月辛巳；卷二
一八，萬曆十七年十二月戊子；卷二四一，萬曆十九年十月丙申；卷二六五，
萬曆二十一年十月乙未；卷二百九十，萬曆二十三年十月己酉；卷三一九，
萬曆二十六年二月壬申；卷三二〇，萬曆二十六年三月戊申；卷三二一，萬
曆二十六年四月庚申；卷三二二，萬曆二十六年五月戊申；卷三四二，萬曆
二十七年十二月戊子；卷三五九，萬曆二十九年五月丁未；卷三八三，萬曆
三十一年四月辛亥；卷四一四，萬曆三十三年十月壬子；卷四三二，萬曆三
十五年四月庚子；卷四九四，萬曆四十年四月丙子；卷五三二，萬曆四十三
年五月丁巳；卷五三二，萬曆四十三年五月戊辰；卷五三二，萬曆四十三年
五月辛未。

年中，有關薊州兵備道的記載在明實錄中出現多達 56 次。很明顯嘉靖二十九年之後薊州兵備道確已存在，而之前弘治十二年十月有關薊州兵備道的記載屬於孤證，無法證明弘治時期薊州兵備道已經設立。故雍正《畿輔通志》所載嘉靖二十九年之前薊州兵備道職官極有可能為密雲兵備道任職官員，即雍正《畿輔通志》誤將密雲兵備道任職官員作為薊州兵備道官員，從而將密雲兵備道任職官員記入薊州兵備道職官表中。事實上，不僅雍正《畿輔通志》存在這個錯誤，由於古代地方志在記述上陳陳相因，嘉靖《薊州志》、康熙《薊州志》、道光《薊州志》和民國《重修薊縣志》中的薊州兵備道職官表均存在這樣的錯誤。更為嚴重的是，光緒《順天府志》的編修者將張璉、錢承德、何琛、朱塗、王玹、羅恂、熊相、葉珩、劉淑相、陳大綱、裴驫、谷高、陳嘉言、高金、段續、喻智、沈師賢、徐汝珪、王誥、王輪、孫國等人，從密雲兵備道職官表中剔除，而將其列入薊州兵備道職官表中，將密雲兵備道的首任官員記為嘉靖時期的范輅〔註162〕，使得密雲兵備道在弘治之後數十年內的職官表成為空白，遠遠背離了歷史事實。

　　從上我們可以確定，薊州兵備道設立時間應為嘉靖二十九年，劉燾為薊州兵備道首任官員，而劉燾之前的所謂薊州兵備道任職官員，都是源於對密雲兵備道任職官員的誤記。這與各地方志中劉燾之後密雲兵備道與薊州兵備道任職官員開始不同相吻合。

　　那麼史書為什麼會出現這種錯誤呢？這可以從密雲兵備道駐地和轄區的變動中找到答案。前引《四鎮三關志》中「薊州兵備」條下有如下小注，「弘治九年設密雲等處兵備一員，通轄薊、永地方。十一年，移駐密雲」〔註163〕。由此可知，密雲兵備道曾長期管轄密雲、薊州、永平等地，且在弘治九年至弘治十一年之間駐紮薊州。事實上，弘治十一年之後，密雲兵備道仍長期駐

〔註161〕《明熹宗實錄》卷九，天啓元年四月甲戌，卷九，天啓元年四月己卯；卷九，天啓元年四月乙酉；卷一二，天啓元年七月乙丑；卷二〇，天啓二年三月庚子；卷二二，天啓二年五月甲子 2 次；卷三一，天啓三年二月甲戌；卷五五，天啓五年正月癸酉；五九，天啓五年五月庚戌；卷六六，天啓五年十二月辛巳；卷六六，天啓五年十二月庚子；卷六八，天啓六年二月乙亥；卷七九，天啓六年十二月戊午；卷八二，天啓七年三月壬午；卷八四，天啓七年五月壬辰。

〔註162〕周家楣、繆荃孫：（光緒）《順天府志》卷八〇《官師志九‧明司道同知通判表七》，第 252 頁。

〔註163〕劉效祖：《四鎮三關志》卷八《職官考‧薊鎮職官‧文秩》，第 442 頁。

紮薊州，如正德九年五月王玹就任密雲兵備副使時，就駐紮在薊州〔註164〕。嘉靖二年密雲兵備副使熊相上奏薊州、三河等處官軍缺乏馬匹，明世宗下詔以太僕寺寄養馬匹給之，薊州100匹，三河60匹〔註165〕，可知當時薊州仍由密雲兵備道管轄。直到嘉靖十二年正月巡按直隸御史聞人詮對此提出不同意見：「密雲兵備徒居薊城非宜，請令復爲本城，以便控御，如是則文武有制，軍民有統，而將臣之無紀非所患矣」〔註166〕。嘉靖十三年十二月給事中楊僎再次奏言：「整飭密雲兵備宜即駐密雲，而乃移居薊州，薊州有巡撫在何益，宜令議覆」〔註167〕。這些都顯示出密雲兵備道整飭密雲、薊州、永平等地兵備，且曾長期駐紮薊州，故而地方志修撰者在編修薊州或薊縣地方志時，會很自然地將曾長期駐紮薊州並管轄薊州的密雲兵備道寫入其中，也很容易與之後設立的薊州兵備道混爲一談，所以上述地方志的記載中均出現了一個前半部分錯誤、後半部分正確的薊州兵備道職官表，這正是這些地方志在記述上與民國《密雲縣志》雷同的原因。《明孝宗實錄》中記載密雲兵備道設立於弘治八年七月〔註168〕，《四鎮三關志》中記載則爲，「弘治九年設密雲等處兵備一員，通轄薊、永地方」〔註169〕。對於二者的這種不同，我們可以理解爲《明孝宗實錄》中的記載爲朝廷決議的時間，而《四鎮三關志》中的記載則爲兵備道官員實際到任時間，二者均反映了當時的歷史事實。由於密雲兵備道長期駐紮薊州，光緒《順天府志》將密雲兵備道誤認爲薊州兵備道，以致出現「薊州道弘治九年置，治薊州，十一年徙治密雲」〔註170〕的不正確記載。

至此，自弘治元年至嘉靖二十九年之前的60餘年中，明實錄中之所以會出現僅有的一條關於薊州兵備道的孤零零的記載，也可以找到答案，正是由於密雲兵備道長期駐紮薊州，所以戶部在會議巡撫等官所陳事宜時，誤將駐紮於薊州的密雲兵備道稱爲薊州兵備道，這也符合人們日常的語言習慣。然而在朝廷的會議和文書中，由於規範性、嚴肅性所在，將駐紮於薊州的密雲

〔註164〕《明武宗實錄》卷一一二，正德九年五月甲申，第2288～2289頁。

〔註165〕《明世宗實錄》卷二六，嘉靖二年閏四月乙卯，第741頁。

〔註166〕《明世宗實錄》卷一四六，嘉靖十二年正月戊辰，第3388頁。

〔註167〕《明世宗實錄》卷一七〇，嘉靖十三年十二月戊午，第3716～3717頁。

〔註168〕《明孝宗實錄》卷一〇二，弘治八年七月甲午，第1868頁。

〔註169〕劉效祖：《四鎮三關志》卷八《職官考·薊鎮職官·文秩》，第442頁。

〔註170〕周家楣、繆荃孫：（光緒）《順天府志》卷八〇《官師志九·明司道同知通判表七》，第251頁。

兵備道稱爲薊州兵備道只是偶而之誤，而並不是一種習慣性稱呼，所以自弘治元年至嘉靖二十九年之前的 60 餘年中，明實錄中只有一處出現了所謂的「薊州兵備道」。

　　關於朝廷在嘉靖二十九年才決定設立薊州兵備道的原因，我們可以從當時的歷史背景中尋找答案。嘉靖中葉以後，蒙古俺答勢力逐步興起，並多次率領部眾侵擾邊地。嘉靖二十九年六月，俺答率部肆擾大同，至八月俺答移兵東向，由薊鎮攻陷古北口，長驅至通州，兵臨京師。由於朝廷軍政腐敗，士卒恇怯，糧餉不濟，所以諸將皆堅壁不戰，不發一矢。於是俺答率兵在城外肆意焚掠，凡騷擾八日，於飽掠之後，仍由古北口退去，這就是明代歷史上的「庚戌之變」〔註 171〕。鑒於這次軍事上的失敗，明朝開始加強北部邊防建設，其中一項措施就是加強和完善軍事指揮系統，故而嘉靖二十九年九月設立薊遼總督，轄薊州、保定、遼東三鎮〔註 172〕，薊州兵備道也於這時開始設立。此後在北部邊境陸續設立的兵備道還有昌平兵備道〔註 173〕、懷隆兵備道〔註 174〕、赤城兵備道〔註 175〕、永平兵備道〔註 176〕等，這些兵備道通常負有督理糧餉、訓練士卒、修築城池、管理馬政、協調防務等方面的職責，兵備道職能的充分履行對於明代北部邊防的穩定具有積極作用。

第三節　天津營兵武職指揮官員

一、薊州鎮守

　　根據肖立軍先生的研究，明代前期的鎮守武將分爲三種情況：（一）鎮守總兵官，一般稱爲總兵官，由具有武爵或高級軍職的武官充任。（二）鎮守武將，由具有武爵或軍職的武官充任，鎮守某一地區，是鎮守總兵官的前身。（三）一城或數城的守衛將領，其轄區小於上述兩種鎮守，大致相當於後來的副將、

〔註 171〕谷應泰：《明史紀事本末》卷五九《庚戌之變》，中華書局，1977 年，第 899～906 頁。

〔註 172〕谷應泰：《明史紀事本末》卷五九《庚戌之變》，第 907 頁。

〔註 173〕《明世宗實錄》卷四一七，嘉靖三十三年十二月癸巳，第 7248 頁。

〔註 174〕孫世芳：《宣府鎮志》卷二七《職官表一·經理文臣》，臺北：成文出版社，1970 年，第 315 頁。

〔註 175〕《明世宗實錄》卷四六九，嘉靖三十八年二月壬戌，第 7891 頁。

〔註 176〕《明世宗實錄》卷四八一，嘉靖三十九年二月己亥，第 8025 頁。

參將、守備等〔註177〕。這三種鎮守武將在明代薊鎮均有存在，本文研究的地理範圍限於今天津地區，由於現在天津市薊縣在明代為薊州州治所在，僅為薊鎮防禦體系的一小部分，所以本文僅對駐守於薊州的鎮守武將進行研究。薊鎮總兵先後駐紮桃林口（位於今河北省唐山市遷安縣）、寺子谷（位於今河北省秦皇島市撫寧縣）、三屯營（位於今河北省唐山市遷西縣），均非位於今天津地區內，而且對薊州駐軍沒有直接的統轄關係，所以薊鎮總兵非本文研究範圍。

　　永樂十二年陳景先已以都指揮僉事鎮守薊州，其駐地即在薊州〔註178〕，位於今天津地區範圍內。史書中有大量有關陳景先鎮守薊州的記載，茲根據相關記載，對陳景先鎮守薊州時的情況進行研究。明實錄中最早一條關於陳景先鎮守薊州的記載為《明太宗實錄》卷一五四中的「永樂十二年八月乙卯」條，「命鎮守薊州都指揮陳景先督軍民修築遵化城及緣邊關隘之傾頹者」。根據這條史料，我們知道永樂十二年八月之前陳景先已經鎮守薊州。明實錄中最晚一條關於陳景先鎮守薊州的記載則為《明宣宗實錄》卷七三中的「宣德五年十二月辛卯」條，「復撫寧衛右、中、前三千戶所之在香河、三河、薊州者還本衛，從都督陳景先所奏也」。永樂十八年三月至六月，都指揮使桑高曾短期鎮守薊州〔註179〕，宣德三年七月，陳景先曾被短暫召還京〔註180〕，除以上兩段時間外，自永樂十二年至宣德五年，陳景先長期鎮守薊州。

　　《盧龍塞略》記載陳景先「（永樂）二十一年，以都督僉事鎮守三屯……宣德庚戌卒於鎮，凡在鎮八年」〔註181〕，根據《盧龍塞略》的記載，陳景先自永樂二十一年移駐三屯營，至宣德五年逝世，共鎮守八年。事實上，陳景先並未移駐三屯營，而是長期駐紮薊州。《明宣宗實錄》卷二三「宣德元年十二月庚午」記載，宣德元年十二月時薊鎮總兵官陳英駐紮山海關，而陳景先則駐紮薊州，所以永樂二十一年陳景先並未移駐三屯營，而是仍駐守薊州。

〔註177〕肖立軍：《明代省鎮營兵制與地方秩序》第四章《鎮戍將領、督撫道廳及鎮戍內臣：省鎮營兵的指揮系統》，天津：天津古籍出版社，2010年，第189頁。
〔註178〕《明太宗實錄》卷一五四，永樂十二年八月乙卯，第1777頁。
〔註179〕《明太宗實錄》卷二二三，永樂十八年三月甲申，第2199頁：卷二二六，永樂十八年六月丙辰，第2216～2217頁。
〔註180〕《明宣宗實錄》卷四五，宣德三年七月丁卯，第1106頁。
〔註181〕郭應寵：《盧龍塞略》卷一二《傳部‧鎮守名將》，《明代蒙古漢籍史料彙編》第六輯，呼和浩特：內蒙古大學出版社，2009年，第100頁。

關於陳景先的職銜，永樂十二年八月，陳景先爲都指揮僉事。《明宣宗實錄》記載，洪熙元年（1425）十二月，「大寧都司都指揮僉事陳景先爲行在左軍都督府都督僉事」〔註182〕。根據這條史料，洪熙元年十二月之前，陳景先始陞爲都督僉事。而上述《盧龍塞略》稱陳景先「（永樂）二十一年，以都督僉事鎮守三屯」，由此可見《盧龍塞略》關於陳景先事蹟的記述多與史實不符。

關於陳景先鎮守時的管轄區域、衛所，我們查閱明實錄中的相關記載，進行考查。永樂二十年十月，朱棣敕令陳景先於各關口加強哨備，薊州、山海等衛官軍均可調遣。《明太宗實錄》卷二六一「永樂二十一年七月壬寅」條記載，「鎮守薊州、山海等處都指揮僉事陳景先言：『近山水泛漲，衝激城垣，山海義院等關口九百五十餘丈，遵化喜峰口水關並潘家等關口四百八十餘丈，薊州馬蘭等關口三百八十餘丈，俱係邊境要衝，宜令附近官軍並力修築。」根據這條史料，陳景先的職銜爲「鎮守薊州、山海等處都指揮僉事」，山海義院口、遵化喜峰口和潘家口，薊州馬蘭口邊牆的修築都由陳景先負責，可知陳景先所轄區域包括薊州至山海關一帶。明仁宗即位後，於永樂二十二年九月命遂安伯陳英爲總兵官，往山海、永平巡視關隘，整肅兵備〔註183〕。這樣，陳英、陳景先共同管轄薊州至山海關一帶防禦，陳景先駐紮薊州，陳英駐紮山海關，二人分防區域不甚明確。宣德元年十二月，兵部尚書張本在奏疏中稱，陳英奉命鎮守山海等地，而陳景先擅自分管桃林口、喜峰口等處，因此張本奏請對陳景先進行處罰，而明宣宗認爲喜峰口以西距山海關遙遠，陳英控制不便，所以並未對陳景先進行處罰〔註184〕。由此可知，這時是薊鎮總兵設立初期，薊鎮總兵與之前所設立的薊州鎮守同時存在，陳英爲遂安伯，陳景先爲都督僉事，薊鎮總兵的地位高於薊州鎮守，二者的防區沒有明確的劃分，在實際管轄中大致以喜峰口爲界。當薊鎮總兵還京時，薊州鎮守陳景先仍負責薊州、永平直至山海關的防務〔註185〕。

陳景先開始任薊州鎮守時，薊州尚無「總兵」的設置，至薊鎮總兵設置後，薊州鎮守與薊鎮總兵並存。根據肖立軍先生的分類，陳景先所任的薊州

〔註182〕《明宣宗實錄》卷一二，洪熙元年十二月戊辰，第320頁。
〔註183〕《明仁宗實錄》卷二下，永樂二十二年九月戊子，第67頁。
〔註184〕《明宣宗實錄》卷二三，宣德元年十二月庚午，第609～610頁。
〔註185〕《明宣宗實錄》卷三〇，宣德二年八月乙酉，第792頁。

鎮守當爲薊鎮總兵前身和薊鎮總兵設置後的過渡性存在，陳景先之後薊州再無這種鎮守設置。

除上述陳景先所擔任的薊州鎮守外，明代薊州還有另一類鎮守，即一城或數城的守衛將領，其轄區小於上述兩種鎮守，大致相當於後來的副將、參將、守備等。這類鎮守與陳景先所任薊州鎮守，雖然均名爲鎮守，卻有著明顯的差別，所以守衛一城或數城的鎮守，將在後文進行論述。

二、總兵

根據萬曆《明會典》的記載，弘治十八年，設立保定副總兵一員，後改爲參將，正德九年復改爲副總兵，分守保定地方。嘉靖二十年，改爲鎮守副總兵，嘉靖三十年改爲鎮守總兵官。保定總兵官統領分守四員、游擊將軍六員、守備七員、把總七員、忠順官二員，其中河間領軍游擊和河間守備於河間、滄州往來駐紮〔註186〕。

日軍入侵朝鮮後，爲加強天津防守，萬曆二十年五月二十一日，由薊遼總督蹇達奏請，保定總兵倪尚忠移駐天津，總管二鎮兵馬〔註187〕，這明確表明保定總兵負責天津地方的軍事防務。如前所述，萬曆二十年九月，保定巡撫劉東星在奏疏中說，「今與總兵倪尚忠將十營汰多弱，選精銳，可得萬五千餘人，時操練，嚴紀律，倭不足擒也」〔註188〕。倪尚忠爲保定總兵官，劉東星爲保定巡撫，二人對天津駐軍進行汰選，可知這時保定總兵官對天津海防事務具有管轄權。至萬曆二十年十一月初一日，倪尚忠改任中軍都督府僉書〔註189〕。十月十二日，兵部侍郎王少卿即建議設立天津總兵官一員，兼管山東地方，而經略宋應昌則認爲設立天津總兵官後，四鎮總兵官可能推諉責任，不若於各鎮再設副總兵一員，這樣既有副將可以調遣，又有正將可以總攝，於是設立天津總兵官之議遂寢〔註190〕。宋應昌建議將天津新設游擊改爲協守副總兵，領新兵3000人，統轄河、大等營，由保定總兵節制〔註191〕。

〔註186〕申時行：（萬曆）《明會典》卷一二六《兵部九‧鎮戍一‧將領上‧保定鎮》，第651頁。

〔註187〕《明神宗實錄》卷二四八，萬曆二十年五月庚辰，第4620～4621頁。

〔註188〕《明神宗實錄》卷二五二，萬曆二十年九月乙亥，第4697頁。

〔註189〕《明神宗實錄》卷二五四，萬曆二十年十一月丁巳朔，第4717頁。

〔註190〕宋應昌：《經略復國要編》卷二《報石司馬書》，第32頁。

〔註191〕宋應昌：《經略復國要編》卷二《議設薊遼保定山東等鎮兵將防守險要疏》，第33頁。

十一月十九日，明神宗遂任命提督京城巡捕署都督僉事宋三省充協守保鎮、天津海防副總兵官〔註 192〕。十二月十七日，鑄協守保鎮、天津海防副總兵關防〔註 193〕，這時設立天津海防副總兵一員，屬保定鎮總兵官節制。萬曆《河間府志》、光緒《重修天津府志》等書中均記載，萬曆二十五年設立葛沽海防營副總兵一員〔註 194〕，宋三省所任天津海防副總兵似非葛沽海防營副總兵，二者應為兩個不同的官職。

萬曆二十四年六月，南京史科給事中祝世祿奏請添設天津總兵一員以防海路，下所司詳議，後無結果〔註 195〕。至萬曆二十五年九月初四日，大學士張位再次奏請，「天津特設巡撫、總兵，專治海上事務，續調水兵俱屬管領，與旅順、登萊、淮揚聲勢聯絡，以振軍威」〔註 196〕。鑒於天津大軍雲集，必須設立總兵官一員，方能有所統領，本月二十日，明神宗命見領浙兵副總兵周於德充提督天津、登萊、旅順等處防海禦倭總兵官〔註 197〕。

三、參將

通州密邇京師，為畿輔重地，永樂時期，敕武臣一員鎮守通州，應城伯孫岩為首任通州鎮守〔註 198〕。這時武臣地位尊崇，通州鎮守多以勳貴充任，體面尊而事權重。成化十四年十一月，太子少保、兵部尚書余子俊奏請釐清武將稱號，「副將、參將與主將同在一城者名為協守，副將、參將都督獨守一路者名為分守，都指揮、指揮獨守一城一堡，不受主將節制者，亦名為分守，受節制者則名守備，同事內臣稱號如例，凡一切借稱名色交代日悉宜更定，以正名分」，明憲宗認同余子俊的建議〔註 199〕。根據余子俊的建議，通州武臣只能稱為分守，而不能稱為鎮守，至交代之日更定名色。成化十五年二月十

〔註 192〕《明神宗實錄》卷二五四，萬曆二十年十一月乙亥，第 4726 頁。

〔註 193〕《明神宗實錄》卷二五五，萬曆二十年十二月癸卯，第 4745 頁。

〔註 194〕杜應芳、陳士彥：（萬曆）《河間府志》卷六《武備志‧兵制‧葛沽兵制》，第 26 頁；沈家本、徐宗亮：（光緒）《重修天津府志》卷三六《經政十‧兵防》，《天津通志》（舊志點校本上），天津：南開大學出版社，1999 年，第 1154 頁。

〔註 195〕《明神宗實錄》卷二九八，萬曆二十四年六月甲辰，第 5581 頁。

〔註 196〕《明神宗實錄》卷三一四，萬曆二十五年九月壬辰，第 5866 頁。

〔註 197〕《明神宗實錄》卷三一四，萬曆二十五年九月戊申，第 5875 頁。

〔註 198〕汪有執、楊行中纂修，劉宗永校點：（嘉靖）《通州志略》卷一三《藝文志‧文類‧國朝文‧通州鎮守分守題名記》，第 265 頁。

〔註 199〕《明憲宗實錄》卷一八四，成化十四年十一月甲子，第 3309 頁。

一日，通州地方多強盜，劫財殺人，鎮守通州等處都督同知陳逵不能捕滅，被勒令閒住〔註200〕。同月十三日，金吾左衛帶俸都指揮僉事顧璽受命分守通州等處〔註201〕，經過這次更定，通州武臣的地位有所降低。根據萬曆《明會典》的記載，嘉靖三十一年之前，通州所設武臣為守備，可知成化十五年後，通州所設武臣又有變化。至嘉靖三十一年，革去守備，改設副總兵，後又革副總兵，改設參將，至此穩定下來，分守通州參將由鎮守薊州總兵官管轄〔註202〕。

自設立之始，天津地方均屬通州鎮守、通州分守管轄。正統十四年九月，畿輔等地形勢嚴峻，經都御史陳鎰奏請，都指揮僉事陳信鎮守通州地方，提調武清等衛操練軍馬〔註203〕。景泰七年十一月，兵部奏：「通州、直沽、天津等處比因水澇民艱，盜賊竊發，雖嘗遣官緝捕，未能盡絕，況朝覲、會試之期已逼，行者絡繹於道，宜令鎮守通州都指揮陳逵自通州、直沽分列五堡，撥軍防送，庶幾盜賊屏跡，行旅獲安。」從之〔註204〕。鎮守通州都指揮陳逵於直沽等處布置軍士，防捕盜賊，護送行者，可知天津屬於通州鎮守的管轄區域。成化七年三月，兵科給事中秦崇奏言：「天津為南北要衝，有鹽海之利，其民嗜利，不畏刑法……恣肆尤甚，況今水旱相仍，倘有相聚為梗者，豈不深可慮乎？」明憲宗令陳逵於天津往來巡歷，加強防守〔註205〕。弘治三年首任天津兵備副使劉福的受命敕書中記載，「其操練一事，河間、德州已有署都指揮薛瑛等專官，爾不必預。天津則分守通州署指揮同知王宣已嘗往來提督，爾須協和行事」〔註206〕，這個敕書明確說明，通州分守於天津往來提督軍事。正德時期，天津兵備副使蔣曙在《興革利弊疏》中備言天津事宜，其中一項為天津三衛本於南河口看守淺鋪，後因通州鎮守陳都督起倩天津三衛夫役修理要兒渡口，工完之後，遂分撥三衛軍士看守北河口淺鋪，沿以為常，不行放回。由於三衛軍士往返屯所將及七八百里，每夫歲用銀不下六、七兩，難為供用，因此蔣曙請求將天津三衛看守北河口淺夫盡數放回原衛〔註207〕。通

〔註200〕《明憲宗實錄》卷一八七，成化十五年二月戊戌，第3345頁。
〔註201〕《明憲宗實錄》卷一八七，成化十五年二月庚子，第3347～3348頁。
〔註202〕申時行：（萬曆）《明會典》卷一二六《兵部九・鎮戍一・將領上・薊州鎮》，第648頁。
〔註203〕《明英宗實錄》卷一八三，正統十四年九月庚子，第3586頁。
〔註204〕《明英宗實錄》卷二七二，景泰七年十一月丁丑，第5753頁。
〔註205〕《明憲宗實錄》卷八九，成化七年三月乙酉，第1727～1728頁。
〔註206〕《明孝宗實錄》卷四五，弘治三年十一月乙未，第909頁。
〔註207〕陳子龍：《明經世文編》卷一七五，蔣曙《興革利弊疏》，第1781頁。

州鎮守陳逵督令天津三衛夫役修理耍兒渡口，完工之後又分撥三衛軍士看守淺鋪，這是通州鎮守管轄天津地區的直接證據。

成化十五年二月，通州鎮守改爲分守，雖然分守比鎮守稍有隆殺，然而事權則無移易，天津地區仍由通州分守管轄。《四鎮三關志》卷七《制疏考》錄有金璋、陳文治就任分守通州參將時的受命敕書，其中金璋之敕書內容如下：「今命爾分守通州地方，提調通州並武清等衛所官軍，操練軍馬，固守城池，遇有盜賊生發，即便相機剿捕，仍把總、提督馬快船並南京運到官物及各處所進方物、修理橋樑河堰等項合用軍夫，俱聽爾於通州等衛從公差撥，不許貪酷放肆，科斂財物，交結勢要，以致軍民受害。若有勢要之人到彼多要船隻、軍夫等項，並威逼科斂財物、營干私事者，爾即指實具奏處治。其天津衛地方相離通州不遠，其城池、官軍仍命爾與同巡按御史時常往來提督，修理操練，禁革奸細。如彼處衛所官員及刁潑旗軍人等有互相交構，縱肆爲非，苦害良善，亦聽爾與巡按御史具奏挐問。每年按季將已未捉獲盜賊從實奏報，以憑稽考。爾須持廉秉公，正己率下，務使事妥民安，斯爲爾能。不許生事擾害百姓，濫受詞訟，沮抑客商，偏向行事，致人嗟怨，如或因循廢弛職務，有負委託，罪不輕恕，爾其欽承朕命，故諭。」〔註208〕由這個敕書可以看出，通州分守金璋不僅提調武清等衛所官軍，操練軍馬，固守城池，遇有盜賊生發，即便相機剿捕，而且提督天津三衛官軍，修理操練，禁革奸細，如有縱肆爲非、苦害良善者，通州分守有與巡按御史具奏挐問之權。

《四鎮三關志》卷七《制疏考》中，陳文治受任通州分守的敕書全文爲：「今命爾充游擊將軍管參將事，駐紮通州，自本州至天津迤北一帶地方，務在修理城池，操練軍士，關防奸宄，禁捕盜賊，撫安人民，兼管上、下半年馬快船隻。防秋之日，預備精利器械，整搠人馬，以備張家灣、河西務截殺，並爲順義諸處聲援，崔黃口守備聽爾節制。其山東、河南、北直隸春、秋兩防班軍到薊之日，每防聽總督軍門及總兵官挑選一萬名前去如法訓練，務成節制，俟有成效，與各路標兵一體分布，或戍守信地，或策應各營，果能建立奇功，破格優敘。如逗遛觀望，國典具存，必罪不貸。凡遇調遣，各領班都司悉聽節制。至於應行事務，須與霸州兵備道計議而行，仍按季將已未獲盜賊從實奏報以憑查考。爾須持廉秉公，正己率下，毋得貪黷貨利，克害軍

民，自取罪譴，爾其慎之慎之，故諭。」〔註209〕敕書內容顯示，通州分守陳文治駐紮通州，於通州至天津迤北一帶地方，修理城池，操練軍士，關防奸宄，禁捕盜賊，撫安人民，並兼管馬快船隻，防秋之時於武清河西務等處備禦，並節制崔黃口守備。沈德符在《萬曆野獲編》中說，「副將及參將體貌素崇，與司道同列」〔註210〕，兵備道大致與參將同列，實際中兵備道往往可以節制參將，陳文治受任通州參將的敕書中也說，「至於應行事務，須與霸州兵備道計議而行」，由此可知通州參將與霸州兵備道的關係。

四、守備

（一）天津守備

根據《明宣宗實錄》的記載，宣德元年朱高煦謀叛時，天津衛鎮守都督僉事孫勝等皆約舉城應之，並先上納軍馬、糧仗之數。事覺，天津衛鎮守都督僉事孫勝等 640 餘人相繼被誅〔註211〕。可知，宣德元年時天津三衛已設鎮守武臣。正統十四年八月土木之變後，為加強天津地區的防禦，十月二十八日朝廷命都指揮僉事李端往天津三衛鎮守操備〔註212〕。景泰元年正月，鎮守天津三衛都指揮李端被人揭發侵盜官物，強姦部卒妻等罪，明代宗命巡按御史驗治，坐絞，宥之戍邊〔註213〕。

京師保衛戰後，經過于謙整飭軍備，朝廷防禦能力大大增強，也先開始與朝廷議和，畿輔地區的形勢趨於緩和，所以自李端被罷後，天津地區未再設立鎮守武官。正德時期，包括天津在內的北直隸地區各種社會矛盾加劇，盜賊頻發，聚黨益熾。正德五年七月，由於天津三衛地方盜亂頻仍，朝廷在天津添設守備一員，命署都指揮僉事袁傑往天津三衛地方守備〔註214〕。此後，天津守備常置不廢，根據萬曆《明會典》記載，天津守備統領天津衛、天津左衛和天津右衛，受天津兵備道節制〔註215〕。

〔註209〕劉效祖：《四鎮三關志》卷七《制疏考・敕通州參將陳文治》，第 242 頁。

〔註210〕沈德符：《萬曆野獲編》卷一九《臺省・按臣笞將領》，中華書局，1959 年，第 495 頁。

〔註211〕《明宣宗實錄》卷二一，宣德元年九月庚子，第 553 頁。

〔註212〕《明英宗實錄》卷一八四，正統十四年十月乙亥，第 3653 頁。

〔註213〕《明英宗實錄》卷一八七，景泰元年正月丙申，第 3795 頁。

〔註214〕《明武宗實錄》卷六五，正德五年七月壬申，第 1426～1427 頁。

〔註215〕申時行：（萬曆）《明會典》卷一五六《兵部三十九・柴炭》，第 805 頁。

（二）崔黃口守備

武清縣崔黃口地方舊設操守，嘉靖四十一年改設守備，統領武清衛、營州前屯衛，於河西務至丁字沽之間巡哨〔註216〕。根據萬曆《明會典》記載，崔黃口守備受霸州兵備道節制〔註217〕。萬曆三年，順天巡撫王一鶚認爲涿州、良鄉、固安、武清、漷縣等處爲通京大路，建議添設墩鋪，分隸守備管攝，五里爲一鋪，以十人守之，兩鋪增騎兵四人，五鋪設一百總，十鋪設一把總，其中武清、漷縣屬崔黃口守備管轄，必須用心瞭望，如有盜賊生發，相機擒捕。此外，王一鶚還建議對崔黃口守備、霸州守備的轄區進行調整，「漕河一帶南起丁字沽，北至王家擺渡，河東屬崔黃口守備，河西屬霸州守備，崔黃口距河二十五里，霸州守備相去幾二百里，北有紅門、海子、草橋諸路逼近郊關，最爲要害。每至河上，動經時日，不免顧此失彼，且艚船失盜，起自舟中，有船泊東岸、抽西岸而失事者，有船泊西岸、抽東岸而失事者，有泊中流內而失事者，皆因兩岸俱爲信地，得以推諉，事難責成。合將漕河東西一帶並楊村、河西務盡屬崔黃口守備管轄，近京要路嚴督霸州守備專緝，仍將交界地方分畫明白，一體遵守施行」。萬曆三年之前，丁字沽至王家擺渡一段漕河，河東屬崔黃口守備，河西屬霸州守備，崔黃口守備距河二十餘里，而霸州守備相距近二百里，且兩岸分屬兩守備，往往遇事推諉，難以責成。所以順天巡撫王一鶚奏請，將漕河東西一帶並楊村、河西務盡屬崔黃口守備管轄，信地既明，責任亦專〔註218〕。王一鶚的奏請獲得題准，漕河東西一帶並楊村、河西務盡屬崔黃口守備管轄。

萬曆二年十月，興都留守僉書陳文治升爲游擊，署通州參將事〔註219〕，明神宗在賜予陳文治的敕書中說，「防秋之日，預備精利器械，整搠人馬，以備張家灣、河西務截殺，並爲順義諸處聲援，崔黃口守備聽爾節制」〔註220〕，可知每歲防秋之時，崔黃口守備由通州參將節制。以上是崔黃口守備在武職官員中的隸屬地位，及所受文臣節制情況，萬曆《明會典》卷一五六記載，

〔註216〕申時行：（萬曆）《明會典》卷一二六《兵部九·鎮戍一·將領上》，第273頁。

〔註217〕申時行：（萬曆）《明會典》卷一五六《兵部三十九·柴炭》，第649頁。

〔註218〕劉效祖：《四鎮三關志》卷七《制疏考·巡撫都御史王一鶚申嚴弭盜事宜疏略》，第351～352頁。

〔註219〕《明神宗實錄》卷三〇，萬曆二年十月己酉，第724頁。

〔註220〕劉效祖：《四鎮三關志》卷七《制疏考·敕通州參將陳文治》，第242頁。

崔黃口守備和涿州守備均受霸州兵備道節制〔註221〕。沈德符在《萬曆野獲編》中說，「副將及參將體貌素崇，與司道同列」〔註222〕，兵備道大致與參將同列，實際中兵備道往往可以節制參將，所以崔黃口守備受霸州兵備道節制，屬於正常的領導體制。

（三）霸州守備

霸州地方設有守備一員，萬曆三年之前，天津地區自丁字沽至王家擺渡一段漕河以西地方為霸州守備所管轄，漕河以東地方則屬崔黃口守備管轄。萬曆三年，順天巡撫王一鶚上疏申嚴弭盜事宜，指出霸州守備距漕河近二百里，每至河上，動經時日，不免顧此失彼，且漕河兩岸分屬兩守備，有船泊東岸、抽西岸而失事者，有船泊西岸、抽東岸而失事者，有泊中流內而失事者，以致兩岸得以推諉，事難責成。因此，經王一鶚奏請，霸州守備不再管轄漕河東、西一帶並楊村、河西務地方，而改屬崔黃口守備管轄，霸州守備則專職緝防近京要路〔註223〕。萬曆八年霸州守備被裁革，萬曆十三年復設〔註224〕。

（四）薊州守備

如前文所述，根據肖立軍先生的研究，明代前期的鎮守武將分為三種，其中鎮守為一城或數城的守衛將領，大致相當於後來的副將、參將、守備等。明代薊州即曾設置這種鎮守，後來演變為薊州守備。

《明宣宗實錄》記載，宣德時期金吾左衛都指揮同知錢義鎮守薊州黃崖關等處〔註225〕。這時陳景先為薊州鎮守，密雲中衛、薊州衛、鎮朔衛、營州右屯衛、遵化衛、東勝左衛、東勝右衛、忠義中衛、永平衛、盧龍衛、開平中屯衛、興州右屯衛、興州前屯衛、興州左屯衛、寬河守禦千戶等衛所均由陳景先管轄〔註226〕。錢義則僅防守薊州，對遵化、永平等地軍務並無管轄權，

〔註221〕申時行：（萬曆）《明會典》卷一五六《兵部三十九・柴炭》，第803～804頁。
〔註222〕沈德符：《萬曆野獲編》卷一九《臺省・按臣笞將領》，第495頁。
〔註223〕劉效祖：《四鎮三關志》卷七《制疏考》，《巡撫都御史王一鶚申嚴弭盜事宜疏略》，第351～352頁。
〔註224〕申時行：（萬曆）《明會典》卷一二六《兵部九・鎮戍一・將領上・薊州鎮》，第649頁。
〔註225〕《明宣宗實錄》卷四○，宣德三年三月辛丑，第982頁；卷四○，宣德三年三月乙巳，第989頁。
〔註226〕《明宣宗實錄》卷一七，宣德元年五月丁酉，第453～454頁；卷四四，宣德三年六月辛卯，第1081頁。

雖然陳景先、錢義二人均名爲鎮守，然而卻是兩種不同性質的鎮守，不可混同。宣德八年閏八月，監察御史鄭夏、給事中蔡錫劾奏：「總兵官都督僉事陳敬，鎮守官都指揮錢義、李英、蕭敬、劉銘、馬驥，指揮張鎮等鎮守邊疆，而城垣不修，部伍不整，自山海至隆慶凡關寨二百四十八處、營堡二十二所，臣等閱視守備官軍失伍離次者一千二百餘人。」〔註227〕根據以上記載，山海至隆慶等處被劾奏的鎮守就有錢義、李英、蕭敬、劉銘、馬驥等五人，加上沒有受到劾奏的，這一地區設置的這類鎮守應該更多，很顯然錢義所任的鎮守完全不同於陳景先所任的薊州鎮守，其所轄區域當如肖立軍先生所言僅爲一城或數城，大致相當於後來的副將、參將、守備等。

　　根據《四鎮三關志》記載，天順三年設立薊州守備〔註228〕，薊州守備即相當於之前錢義所擔任的薊州鎮守。薊州守備受薊州兵備道節制，管轄薊州衛、鎮朔衛、營州右屯衛、興州左屯衛等四個軍衛〔註229〕。根據康熙《薊州志》記載，薊州守備公署位於州治東南文化街路北，中爲堂三間，東書房九間，西花廳三間，又西茶房五間，堂後住宅，堂前儀門，又前大門，門外東爲中軍廳，崇禎年焚毀〔註230〕。

第四節　天津監軍官員

一、監軍御史

　　至正德時期，包括天津在內的北直隸地區各種社會矛盾更加嚴重，盜賊頻發，聚黨益熾。在這種情況下，正德四年七月，武宗命監察御史柳尙義居天津，巡歷順天、保定等府〔註231〕。九月，朝廷又派御史寧杲於眞定，殷毅於天津，專捕響馬強盜，寧杲奏立什伍連坐之法，盜賊捕獲無虛日，每械繫盜賊入眞定城，用鼓吹前導，金鼓之聲彌月不絕〔註232〕，寧杲、殷毅等人這

〔註227〕《明宣宗實錄》卷一〇五，宣德八年閏八月丁巳，第2345～2346頁。
〔註228〕劉效祖：《四鎮三關志》卷八《職官考・薊鎮職官・武階》，第465頁。
〔註229〕申時行：（萬曆）《明會典》卷一五六《兵部三十九・柴炭》，第804頁。
〔註230〕張朝琮、鄔棠：（康熙）《薊州志》卷二《建設志・公署》，清康熙四十三年刻本，第13頁。
〔註231〕《明武宗實錄》卷五二，正德四年七月壬寅，第1189頁。
〔註232〕杜應芳、陳士彥：（萬曆）《河間府志》卷六《武備志・兵變》，第54頁。

種做法更加激化了社會矛盾。這一時期，天津所派御史主要是爲了捕盜、弭亂，應與軍事有直接關係，只是筆者尚未發現柳尚義、殷毅在監軍方面的史料，有待繼續發掘。

　　天啓元年，遼陽陷落於後金，遼東告急，爲支持遼東戰場，天津地區一時各路兵馬雲集，天津的軍事地位日益重要。這時，爲了軍事需要，朝廷先後在天津設置了巡撫、監軍御史、監軍道等官職。天啓元年七月，朝廷任命遊士任爲登、津監軍御史〔註233〕。至八月，鑄登萊、天津等處監軍關防，給御史遊士任〔註234〕。

二、監軍道

　　天啓元年，遼陽陷落，爲增援遼東戰場，天津地區一時兵馬雲集。爲加強對軍隊的控制、管理，天啓元年六月監軍道胡嘉棟調於天津，領毛兵 800 人。兵科都給事中蔡思充建言，監軍道胡嘉棟率領毛兵前赴榆關，聽經略熊廷弼調遣〔註235〕。天啓元年七月初三，經略熊廷弼請添設各監軍道，明熹宗接受熊廷弼的建議，設立各監軍道，其中胡嘉棟爲天津監軍道〔註236〕。本月二十四日，改天津監軍道胡嘉棟爲遼東監軍〔註237〕。天啓元年十月，朝廷另任命李乃蘭爲天津監軍道，寄銜山西布政使司參議〔註238〕。至天啓二年二月，由天津巡撫畢自嚴奏請，兵部主事來斯行就任天津監軍道，寄銜山東按察司僉事〔註239〕。

　　據畢自嚴所言，監軍道來斯行素富韜鈐，而且曾親歷行陣，指授方略。天啓二年五月，徐鴻儒在山東起事，鄒縣、滕縣相繼陷落。應山東巡撫趙彥請求，畢自嚴派出山東營、毛兵營、河南後營三支軍隊，共 5000 名兵丁前往應援，這三支天津援軍由來斯行監督。天啓二年六月，北直隸河間府武邑縣人于弘志聚眾佔據武邑白家屯，準備攻取河間府景州，以回應山東徐鴻儒，畿輔震動。八月，監軍道僉事來斯行、守備董世賢移兵平定了武邑于弘

〔註233〕《明熹宗實錄》卷一二，天啓元年七月己酉，第 598 頁。
〔註234〕《明熹宗實錄》卷一三，天啓元年八月庚辰，第 658 頁。
〔註235〕《明熹宗實錄》卷一一，天啓元年六月戊戌，第 581～582 頁。
〔註236〕《明熹宗實錄》卷一二，天啓元年七月壬寅，第 587 頁。
〔註237〕《明熹宗實錄》卷一二，天啓元年七月癸亥，第 626 頁。
〔註238〕《明熹宗實錄》卷一五，天啓元年十月戊子，第 766 頁。
〔註239〕《明熹宗實錄》卷一九，天啓二年二月乙未，第 991 頁。

志之眾，俘、斬 4000 多人。之後天津援軍開赴山東，官軍與徐鴻儒的軍隊在鄒縣、滕縣一帶進行決戰，來斯行所率天津援軍屢戰奏捷，乘間攻下滕縣。最後，官軍將徐鴻儒之眾圍困於鄒縣，圍困三個月後，城中食盡糧絕，至這年十月十九日，徐鴻儒部出城投降，徐鴻儒單騎出逃，被來斯行之子來燕禧擒獲〔註 240〕。

除天津設有監軍道外，薊州也設置有監軍道，《清世祖實錄》記載，順治元年（1644）四月，薊州監軍道李永昌，豐潤縣副將趙國祚，遵化閒住總兵唐鈺，副將尤可望，守備陳良謨、黃家順、卜大式，千總文三元等率兵降清〔註 241〕。杜志明在《明代監軍道初探》一文中將明代監軍道的職權概括為監軍紀功、督軍作戰、參贊軍務、保障後勤四個方面〔註 242〕。由於監軍道一職並非明代祖制，所以其職責因時損益，不同地方、不同時期的監軍道官員具體職責多有不同，所以我們不能將這種概括出來的監軍道職能套用於具體某個監軍道。由於史料有限，我們尚不能確定天津監軍道的明確職責，不過根據上述天津監軍道的事蹟，我們可以知道天津監軍道具有監軍、督戰的職權。

三、監軍內臣

《明史》記載，仁宗時令中官鎮守邊塞，英宗復設各省鎮守，又有守備、分守，中官布列天下〔註 243〕。《明武宗實錄》記載，正德二年閏二月，各邊關隘口設置守備內官，其中都知監左少監屈讓守備薊州黃崖口等營〔註 244〕。現存於天津薊縣黃崖關村的《重修眞武廟碑》，為明代嘉靖三十七年所立，碑文中記有「薊州黃崖口等關營都知監左少監屈讓」，可知屈讓曾長期為薊州監軍內臣。崇禎時期，相比於文、武官員而言，明思宗往往更信任內臣，所以常任命內臣監軍、核餉、提督戎政。崇禎九年七月，明思宗命司禮太監盧維寧總監天津、通州、臨清、德州等處兵馬、糧餉，大臣劉宗周、金光辰等人力爭無果〔註 245〕。

〔註 240〕畢自嚴：《石隱園藏稿》卷五《疏一·發兵會剿疏》，同卷《疏一·補發津兵疏》，第 506～509 頁。
〔註 241〕《清世祖實錄》卷四，順治元年四月丁亥，北京：中華書局，1985 年，第 56 頁。
〔註 242〕杜志明：《明代監軍道初探》，《蘭臺世界》2011 年第 19 期。
〔註 243〕張廷玉：《明史》卷八二《食貨六·採造》，第 1993 頁。
〔註 244〕《明武宗實錄》卷二二，正德二年閏二月丁未，第 608 頁。
〔註 245〕張廷玉：《明史》卷二五四《金光辰傳》，第 6569～6570 頁。

　　崇禎十七年二月，明王朝已岌岌可危，明思宗再次派出內臣十人往各處監軍，其中盧維寧往天津、通州、德州、臨清監軍，兵部尚書張縉彥奏言：「今日糧餉中斷，士馬虧折，督撫各官危擔欲卸，重責欲分，若一時而添內臣十員，不惟物力不繼，有失體統，抑且事權分掣，反使督撫藉口。」〔註246〕由於明思宗用人失當，導致其對文、武之臣更不信任，轉而更加信任內臣，因此張縉彥的建議並未採納。

〔註246〕計六奇：《明季北略》卷二〇《山西全陷》，北京：中華書局，1984年，第431頁。

第三章　明代天津地區軍隊承擔的任務

第一節　作戰

　　作戰是軍隊的第一任務，明代天津軍隊參加了多次重要戰事，由於史料有限，天津軍隊參加的一些戰事記載較爲簡略，茲對史書中記載較爲詳細的戰事進行分述，其他史料缺乏的戰事則列於文後表中。

一、「靖難」之役中天津地區的戰事

　　建文元年七月初四，朱棣在北平發起叛亂，至次日黎明叛軍攻佔北平九門中的八個，只有西直門沒有陷落〔註1〕。北平都指揮使馬宣與朱棣叛軍展開巷戰，失敗後馬宣退守薊州，之後馬宣率領薊州衛官軍從薊州起兵，進攻北平，與叛軍作戰，戰鬥失利後，馬宣再次退守薊州〔註2〕。叛軍攻陷懷來後，欲乘勝南下，張玉向朱棣進言：「今都指揮馬宣□薊州，宜早圖之，不然將爲後患，且薊爲東鄙之望，薊平，餘可傳檄而定。」於是朱棣命張玉、朱能率軍進攻薊州，馬宣與薊州衛鎮撫曾濬閉城堅守，張玉對馬宣、曾濬等人進行招降，馬宣、曾濬等全力守城，並率軍出城與叛軍力戰。張玉命精銳衝入馬宣、曾濬陣中，因寡不敵眾，馬宣、曾濬等被俘，罵不絕口，被叛軍殺害。七月初八，薊州衛指揮使毛遂以城降，張玉撫定薊州後，乘夜趨遵化，之後

〔註1〕谷應泰：《明史紀事本末》卷一六《燕王起兵》，第 236 頁。
〔註2〕凌迪知：《萬姓統譜》卷八五，《景印文淵閣四庫全書》子部第 263 冊，臺北：商務印書館，1983 年，第 254 頁。

遵化、永平、密雲相繼陷落〔註3〕。

乾隆《寧河縣志》記載，建文三年朱棣叛軍將領陳賢招募軍士，寄居順天府寶坻縣俵口鄉的于本通過招募從軍，成爲梁城守禦千戶所的旗軍，守衛蘆臺。當時盛庸、鐵鉉所率山東軍隊爲抵抗朱棣叛軍的主力，建文三年、四年之間，山東軍隊與梁城守禦千戶所軍隊進行了一系列戰鬥。建文三年，山東軍隊進攻蘆臺時受挫。此後梁城守禦千戶所又繼續招募新軍，于本通過軍功升爲梁城守禦千戶所千戶，仍以百戶守禦直沽海口，哨探山東軍隊消息。建文三年十二月，于本隨軍至滄州河南泥沽村作戰，山東德州衛王果住等作戰失利，被于本俘獲。建文四年，于本又率軍於草頭沽地方征哨。同年三月，于本守衛鴉鴻橋，當時山東軍隊準備火燒白河橋，于本率軍加緊哨備，白河橋得以保存。數日後，鎮海衛200餘名軍士進攻梁城所，被梁城所軍隊擊退。建文四年四月，山東軍隊再次與朱棣叛軍在梁城所作戰，梁城所軍隊於草頭沽加緊守備，焚燒了山東軍隊的船隻。建文四年四月，梁城所軍隊征哨寶坻縣張家莊，再次與山東軍隊展開戰鬥，山東軍隊作戰失利〔註4〕。

二、征劉六、劉七

至正德時期，包括天津在內的北直隸地區各種社會矛盾更加嚴重，盜賊頻發，聚黨益熾。正德五年十月，劉六、劉七在霸州起事，旬日之間聚眾數千人，屢敗官軍〔註5〕。正德六年三月，劉六、劉七、齊彥名等率軍攻入山東，京營指揮張英等六人遇害。此前正德二年二月，天津兵備道已裁革〔註6〕，山東各地陷落後，朝廷再次設立天津兵備道，由山東按察副使陳天祥充任，並令巡撫保定都御史蕭翀督分守保定副總兵王欽、眞定守備孫懷、河間守備袁彪、天津兵備陳天祥，調集附近官軍、兵快及達官軍舍隨賊所在，出奇剿殺〔註7〕。

〔註3〕 《明太宗實錄》卷一二上，洪武三十五年九月甲申，第201～202頁；張廷玉：《明史》卷一四二《馬宣傳》，第4038頁；谷應泰：《明史紀事本末》卷一六《燕王起兵》，第237頁。

〔註4〕 關廷牧、徐以觀：（乾隆）《寧河縣志》卷八《人物志·名宦·明·于本》，同卷《人物志·名宦·明·張諒先》，清乾隆四十四年刻本，第2～3頁。

〔註5〕 高岱：《鴻猷錄》卷一二《平河北寇》，第366頁。

〔註6〕 《明武宗實錄》卷二三，正德二年二月乙酉，第639頁。

〔註7〕 《明武宗實錄》卷七三，正德六年三月丁巳，第1605～1606頁。

　　正德六年五月，天津兵備副使陳天祥督兵捕獲賊首大保及其黨 13 人，詔升陳天祥俸一級〔註8〕。六月，劉六與楊虎兩支力量會合於文安。八月初一，爲加強天津防禦，陳天祥疏請六事：「一天津三衛所領太僕寺馬多死者，乞益以馬，盜平還官。一三衛軍少，欲募民間子弟閑習弓馬者殺賊，照例升賞。一各衛指揮獲功升秩都司者，多家居坐待推用，乞仍調遣剿賊，有實效者方許推用。一免三衛秋班官軍京操，令守城禦賊。一天津濱海，富強之家內多勇悍，乞編爲排甲，聽自備器械以俟調遣。一北直隸地方曠闊，今賊在山東，宜遏其歸路，乞令德州守備駐兵樂陵及韓村等處以防河東，河間守備駐兵故城及高川等處以防河西，則賊可成擒。」除秋班京操軍未可輒免，其他各項皆獲允准〔註9〕。八月初七，劉六、劉七、楊虎等進至侯安鎮，將攻霸州，朝廷加強東安、通州、永清、天津等地的防禦，命都督白玉充副總兵，領兵駐東安；都指揮王杲充參將，駐通州；都指揮陳勳充參將，駐永清；副總兵張俊往天津，會同陳天祥並力防禦〔註10〕。八月初十，劉六等攻破大城、靜海二縣〔註11〕，靜海知縣武雷先遁，亂軍遂劫庫，焚官署而去〔註12〕。陳天祥在天津申嚴號令，防守要害，俘獲渠魁及其黨 70 餘人，同時都督張俊率精銳馳援天津，陳天祥、張俊並力夾攻，俘斬甚眾〔註13〕，守將賀勇則遏賊於天津西北信安灣〔註14〕。天津兵備陳天祥提兵防禦於外，督儲天津的戶部主事張鍵居內防守，誓師力守，登陴晝夜不息，城獲以安，卒保無虞〔註15〕。

　　正德七年四月，劉六、劉七在重兵圍剿之下，自登萊突圍而出，沿途招聚，其勢復張，轉入直隸，由香河、寶坻、玉田轉攻武清，間道馳至河西務，游擊王杲敗沒，巡撫寧杲兵亦敗，畿輔復震〔註16〕。武清縣新莊村戰鬥中，官舍、旗軍、民快黎承宗等 73 人捕賊有功，升賞有差〔註17〕，而官軍在武清

〔註8〕《明武宗實錄》卷七五，正德六年五月壬戌，第 1650～1651 頁。
〔註9〕《明武宗實錄》卷七八，正德六年八月戊寅朔，第 1704 頁。
〔註10〕《明武宗實錄》卷七八，正德六年八月甲申，第 1711 頁。
〔註11〕《明武宗實錄》卷七八，正德六年八月丁亥，第 1712 頁。
〔註12〕《明武宗實錄》卷七九，正德六年九月丁巳，第 1725 頁。
〔註13〕過庭訓：《本朝分省人物考》卷二一《南直隸蘇州府四·陳天祥傳》，《續修四庫全書》第 533 冊，上海：上海古籍出版社，2002 年，第 432～433 頁。
〔註14〕李梅賓、吳廷華：（乾隆）《天津府志》卷一一《古蹟志》，《天津通志》（舊志點校本上），天津：南開大學出版社，1999 年，第 204 頁。
〔註15〕過庭訓：《本朝分省人物考》卷九九《山西太原府·張鍵傳》，第 690 頁。
〔註16〕張廷玉：《明史》卷一八七《陸完傳》，第 4955 頁。
〔註17〕《明武宗實錄》卷八六，正德七年夏四月庚辰，第 1843 頁。

縣八里莊與流賊作戰中則敗績〔註18〕，流賊直走武清闡市中，殺吏民，劫庫獄，焚廬舍〔註19〕，武清在這場戰爭中遭受到嚴重破壞。之後，劉六等轉而南下，副總兵劉暉敗之於冠縣，指揮張勳又敗之於平原，劉六等不得不南奔邳州，渡黃河，抵固始，趨湖廣，又奪舟奔至夏口，復在漢口登陸，爲指揮滿弼等追及，劉六中流矢，與子仲淮赴水死。〔註20〕

　　正德時期劉六、劉七等這次起事，在兩年時間內縱橫北直隸、山東、南直隸、河南、湖廣等廣大地區，所到之處屢挫官軍，首領趙鐩題有「縱橫六合誰敢捕」的詩句，起事隊伍還設置金旗，大書「虎賁三千，直抵幽燕之地；龍飛九五，重開混沌之天」〔註21〕，足見其氣勢之盛。劉六、劉七等這次起事之所以如此氣盛，屢敗官軍，很重要的一個原因是明代北直隸、山東、南直隸、河南等地有大量衛所要參加京操，導致地方守禦力量嚴重下降，兵部尙書孫原貞對此有如下分析：「我朝官軍調操之制，肇自永樂初年，京師兵少，調發中都、大寧、山東、河南附近官軍輪班上操。宣德、正統以來踵爲故事，日益加密，除南方各省未遑遽論，如河南、山東、南北直隸俱京師咽喉，山西、陝西又中原形勢要地，各處官軍或調操於京師，或調操於各邊，本地無軍可守。臣昔備員陝西右布政使，以歷潼關，詢其實在軍不過數名，驚問其故，始知皆在各地操備。後盜入商洛，鎭、巡官議欲赴救，無軍可遣。河南、山東武備單弱尤甚，以故賊操縱橫，莫可禁禦，劉六、王鐘足爲前車之鑒。」〔註22〕

三、征徐鴻儒

　　萬曆時期，薊州人王森倡白蓮教，自稱聞香教主，信徒遍及北直隸、山東、山西、河南、陝西、四川等地。萬曆四十二年，王森被捕，死於獄中〔註23〕。此後，王森之子王好賢與巨野徐鴻儒、武邑于弘志等繼續傳教，信徒日眾，不下 200 萬人。天啓二年王好賢與徐鴻儒等約定這年中秋節同時起兵，由於

〔註18〕吳翀：（乾隆）《武清縣志》卷四《古蹟》，清乾隆七年刻本，第 3 頁。
〔註19〕吳翀：（乾隆）《武清縣志》卷一一《藝文二·碑記·明·修武清縣磚城記》，第 3 頁。
〔註20〕張廷玉：《明史》卷一八七《陸完傳》，第 4955 頁。
〔註21〕谷應泰：《明史紀事本末》卷四五《平河北盜》，第 671～672 頁。
〔註22〕孫旬：《皇明疏鈔》卷三〇《時政一·軍民利病疏》，《續修四庫全書》第 464 冊，上海：上海古籍出版社，2002 年，第 47 頁。
〔註23〕張廷玉：《明史》卷二五七《趙彥傳》，第 6621～6622 頁。

計劃洩露，徐鴻儒遂於這年五月先期舉事，五月十一日攻陷鄆城，鄒縣、滕縣相繼被攻陷。天啓二年六月，山東巡撫趙彥以軍力寡弱，請求漕運督臣發精兵數千名，由徐、淮夾攻，以防其南奔，再令天津、保定撫臣各發馬、步兵三四千，直抵兗州，協力討賊。此時山東形勢危急，明熹宗批准了趙彥的建議，命漕運總督及天津、保定巡撫各發馬步兵速抵兗州協力討賊〔註 24〕。至七月，天津巡撫畢自嚴先派出由守備劉永昌所統領的山東營兵 2000 名，守備董世賢所統領的毛兵營 1000 名。之後根據朝廷命令，畢自嚴又派出守備周之禮所統領的河南後營兵 2000 名。監軍道僉事來斯行曾親歷行陣，指授方略，素富韜鈐，畢自嚴命三支天津援軍由來斯行監督。來斯行之子來燕禧力能扛鼎，射可穿楊，又志切勤王，情殷寢戈，於是統率家丁以爲將士，以諸生隨父前往征戰〔註 25〕。

這年六月，北直隸河間府武邑縣人于弘志聚眾佔據武邑白家屯，準備攻取河間府景州，以回應山東徐鴻儒，畿輔震動。八月，監軍道僉事來斯行、守備董世賢移兵平定了武邑于弘志之眾，俘獲、斬殺 4000 多人。之後天津援軍開赴山東，官軍與徐鴻儒的軍隊在鄒縣、滕縣一帶進行決戰，山東巡撫趙彥、山東總兵楊肇基令遊兵在鄒縣牽制徐鴻儒一部分兵力，以主力在嶧山一帶殲滅了徐鴻儒的精銳，又令來斯行所率天津援軍往攻滕縣，參將劉永昌屢戰奏捷，乘間攻下滕縣。最後，官軍將徐鴻儒之眾圍困於鄒縣，圍困三個月後，城中食盡糧絕，至這年十月十九日，徐鴻儒部出城投降，徐鴻儒單騎出逃，被來斯行之子來燕禧擒獲。十一月，徐鴻儒被解赴京師，梟首示眾〔註 26〕。

四、征孔有德

崇禎四年八月，皇太極率兵進攻大凌河，將大凌河圍困起來。爲解大凌河之圍，兵部命登撫孫元化發兵赴關寧聽調，孫元化認爲復遼土須用遼人，固遼人須得遼將，所以命原毛文龍部將孔有德、白登庸、王弘基三將領兵 3200 名，於十月二十九日鼓行而西〔註 27〕。孔有德等率兵從海上進發，遭遇颶風，

〔註 24〕《明熹宗實錄》卷二三，天啓二年六月戊子，第 1148 頁。
〔註 25〕畢自嚴：《石隱園藏稿》卷五《疏一‧發兵會剿疏》，同卷《疏一‧補發津兵疏》，第 506～509 頁。
〔註 26〕谷應泰：《明史紀事本末》卷七〇《平徐鴻儒》，第 1129 頁；畢自嚴：《石隱園藏稿》卷五《疏一‧補發津兵疏》，第 508～509 頁。
〔註 27〕《崇禎長編》卷五二，崇禎四年十一月甲申，第 3030 頁。

於是返回復從陸路進軍。孔有德率軍於閏十一月二十七日到達吳橋縣，由於官軍所過，閭閻驛騷，所以民眾皆閉戶拒之，兵無所得食。士卒以爲行糧已盡，市買無所，不如回登請糧，再圖進止。閏十一月二十八日清晨，千總李應元與其父李九成縛孔有德於演武場，首倡反謀，有德從之，於是回戈東指，大肆搶掠，二十九日攻陷陵縣〔註28〕，之後青州、登州等地相繼陷落。於是，十二月二十一日兵部尚書熊明遇上言，請加副總兵、都督僉事楊御蕃署總兵事，令其總攝山東剿剿事務，再令天津巡撫翟鳳翀命總兵王洪精選津兵 1000 疾馳，爲犄角之勢，然後登東之兵四面雲合，以平定孔有德叛亂，明思宗命如議飭行〔註29〕。崇禎五年正月二十五日，楊御蕃率軍進至朱橋，之後天津援兵楊洪部也到達。二十八日，楊御蕃、楊洪一起進至新城鎮。三十日，孔有德叛軍自登州迎戰，天津軍隊先潰，楊洪遁還，楊御蕃被圍，夜半全師突圍而出，各兵逃散，楊御蕃無法控御，遂以親軍三百營於城外〔註30〕。

崇禎五年二月，山東巡撫王道純條議剿除孔有德等三事：「一謂分駐，新撫臣徐從治於萊州，新防臣謝璉於萊陽，彼此相爲犄角。一謂孔有德所畏者惟彝丁川兵，今山東之兵以守則可，以戰則怯，莫若以津兵三千，更調邊兵或川兵一千名以爲戰兵，則兵威立振。一謂兵部主事張國臣謂撫之便，然臣實難之，今樞部既有碩畫，國臣又係遼人，孔賊必不加害，當令過萊入登，力任招安之事，三款皆實實可用，乞採納施行。」〔註31〕這時叛軍圍困萊州，天津總兵王洪、保定總兵劉國柱與山東諸路援兵俱駐昌邑，距萊州 150 里，由於軍隊怯懦，所以未能進兵，萊州告急。二月二十一日，川兵參將彭有謨引兵從海路突圍入城，協力守禦，人心稍固〔註32〕。三月初五，山東巡撫王道純選天津、保定精騎 600 人，命參將李景、游擊張汝行率領，突入萊州城，萊州城中兵氣益壯，賊列柵圍守，掘隧轟城，萊州城數次險被攻破。這時只有王道純一人負責軍事調度，朝議以兵部侍郎劉宇烈爲督理，更調薊門川兵 4000 人，由總兵鄧玘統領，以右布政使楊作楫爲監軍，再調密雲兵 3000 人，統以副將车文綏，星馳赴援〔註33〕。

〔註28〕《崇禎長編》卷五三，崇禎四年閏十一月戊辰，第 3132～3133 頁。
〔註29〕《崇禎長編》卷五四，崇禎四年十二月己丑，第 3176～3177 頁。
〔註30〕《崇禎長編》卷五五，崇禎五年正月戊辰，第 3243 頁。
〔註31〕《崇禎長編》卷五六，崇禎五年二月乙亥，第 3282～3283 頁。
〔註32〕《崇禎長編》卷五六，崇禎五年二月己丑，第 3302～3303 頁。
〔註33〕《崇禎長編》卷五七，崇禎五年三月壬寅，第 3322～3323 頁。

至崇禎五年四月，各路官軍會集沙河，由於帥無謀略，兵無紀律，遂被叛軍大敗，兵部侍郎劉宇烈逃至青州，楊洪、劉國柱逃回濰縣，鄧玘逃回昌邑，劉澤清敗回平度州。敗聞傳至京師，朝廷以官兵不可用，所以主撫議益堅〔註34〕。這種情況下，天津舊將孫應龍自稱與耿仲明兄弟交往深厚，能令其縛孔有德、李應元二人以降，天津巡撫鄭宗周信之，遂授以兵2000人、船60隻。孫應龍遣人游說耿仲明，耿仲明假稱願意就撫，且函死人首送孫應龍，謊稱為孔有德之首，請孫應龍速以舟師往援。於是孫應龍率其舟直抵水城下，叛軍將孫應龍迎接入城，之後將孫應龍殺害，舟無一還者，叛軍得到孫應龍所率船隻，水兵益盛〔註35〕。

此後，招撫之議失敗，崇禎五年八月，左副都御史王志道建言，濰縣、平度、福山、萊陽、黃縣等處宜區別諸將，分道並進，人當一面，使叛軍之勢不得不分，命天津巡撫鄭宗周別選大將，由津門募海師千人，乘風一晝夜可抵登州，直據其背，揚帆廟島之間，偵其虛實，便則登涯震之，不便則斂舟振旅，倏忽往來，登州之民不願從賊而散處山野者何止數萬，若潛招之，使以賊情，密告有間，則藉為嚮導，遂斫登城破其巢穴，正兵壓其前，舟師斷其後，釜中之魚自無所遁矣〔註36〕。

五、明末天津地區的戰事

明末天津地區軍隊參加的戰事可分為兩類，一類是與農民軍的戰爭，一類是與進犯清軍的戰爭，以下分別對這兩類戰爭進行敘述。

根據乾隆《寧河縣志》記載，崇禎末年農民軍的戰火延燒至天津地區，薊州、寶坻均被攻破，當時梁城所守軍多方備禦，梁城所掌事指揮于君鼎率領千戶、百戶、吏目等官築城濬池，誓死決戰。當農民軍進至梁城所時，河水大潮一日三次，所以農民軍無法前進，只好引兵往他處，梁城所得以幸免。之後，月河莊有道人謀不軌，搶奪官軍馬匹，官軍遂興兵征討，據稱道人逃匿於梁城所，於是主將率軍進至梁城所，將要屠城，梁城所全所惶恐。指揮于君鼎挺身而出，著盛裝去見圍城主將。主將認為梁城所軍隊將要反叛，因此懷疑于君鼎為刺探官軍虛實而來。于君鼎說梁城所併無反叛，因此他本人

〔註34〕《崇禎長編》卷五八，崇禎五年四月甲戌，第3354～3355頁。
〔註35〕《崇禎長編》卷五八，崇禎五年四月乙未，第3382頁。
〔註36〕《崇禎長編》卷六二，崇禎五年八月丁丑，第3572～3573頁。

才來迎接主將，如果梁城所有人反叛，必定擒拿獻俘。主將於是率軍進入城內，見四境帖然，始知梁城所卻無反叛之實，之後主將班師而回〔註37〕。這兩次大軍壓境，梁城所軍民皆險遭兵燹，由於指揮于君鼎的謀略、果敢，所以均不費一兵一卒而化險為夷，《孫子兵法·謀攻篇》曰：「不戰而屈人之兵，善之善者也。故上兵伐謀，其次伐交，其次伐兵，其下攻城」。

除農民戰爭外，崇禎時期清軍多次攻陷天津地區，崇禎二年十月，皇太極率大軍進犯明朝，以蒙古喀喇沁部落臺吉布林噶都為嚮導〔註38〕。十一月初三，遵化陷落〔註39〕。十一月十三，清軍進至薊州，明軍塘兵 500 人與清軍哨卒接戰，被擒獲 15 人〔註40〕。與崇禎十二年，清軍分兩翼侵犯畿輔地區，左翼由多爾袞率領，沿青州府、德州、滄州、天津衛至京師，南過三河縣，歷三月抵密雲，克城 34 座，降者 6 城，俘獲人口 257880。右翼由杜度率領，沿東昌府、廣平府、彰德府、真定府、保定府，過燕京迤北，歷三月亦抵密雲，共克 19 城，降者 2 城，俘獲人口 204423，掠得黃金 4039 兩、白銀 977406 兩。兩翼兵合攻牆子嶺，斬關而出〔註41〕。崇禎十五年十一月，清軍再次入侵畿輔地區，十一月初八日清軍進至黃崖口，初九日清軍得知薊州百姓俱逃入山中，薊州總兵白騰蛟往桃林應援，薊州城內止有參將三員和新兵 2000 人。初十日，清軍自黃崖口向薊州進發，此日白騰蛟回師薊州，白騰蛟率本部馬兵在前，馬蘭峪總兵白廣恩率馬兵、步兵各 3000 名在後，與清軍激戰，一名參將被俘，三名游擊陣亡〔註42〕。清軍進入薊州城後，「全城被屠，宮室俱燼，及兵退之後，屍骸遍地，面貌、姓氏不可辨矣。城中絕嗣大半，幸有子孫、親戚收葬者百一二耳，地方官府聚屍燒埋，已不可萬計」〔註43〕。崇禎十五年清軍橫行於畿輔、山東地區，天津巡撫馮元颺命天津總兵周遇吉以 500 騎兵於楊柳青伏擊清軍。清軍進犯時，周遇吉對清軍發起突然襲擊，自辰時鏖戰至酉時，夜裏清軍徙營北去。

〔註37〕 關廷牧、徐以觀：（乾隆）《寧河縣志》卷八《人物志·名宦·明·于君鼎》，第 5～6 頁。

〔註38〕 《清太宗實錄》卷五，天聰三年十月癸丑，北京：中華書局，1985 年，第 74 頁。

〔註39〕 《清太宗實錄》卷五，天聰三年十一月甲申，第 77～78 頁。

〔註40〕 《清太宗實錄》卷五，天聰三年十一月甲午，第 79 頁。

〔註41〕 《清太宗實錄》卷四五，崇德四年正月丙寅，第 601～602 頁：卷六五，崇德八年六月丁巳，第 902～903 頁。

〔註42〕 《清太宗實錄》卷六三，崇德七年十一月丙申，第 874～875 頁。

〔註43〕 沈銳、章過：（道光）《薊州志》卷一〇《藝文志·義冢碑記》，清道光十一年刻本，第 67 頁。

崇禎十五年、十六年之間，清軍進入關內，往來數千里，如入無人之境，楊柳青之戰擊退清軍優勢兵力的進犯，爲少有之奇捷〔註44〕。

　　以上是明代天津地區軍隊所參加的主要戰事，由於史書中這些戰事的相關史料較爲豐富，所以予以詳細敘述。另有一些戰事雖有天津地區軍隊參加，然而史料有限，不能確知天津地區軍隊在其中的具體戰鬥情況，無法展開敘述，茲將筆者所見明代天津地區軍隊參戰情況製成下表：

表3-1　明代天津軍隊參加戰事表

時間	戰事	參戰軍隊	指揮官	資料出處
建文元年	「靖難」之中進攻北平	薊州衛	馬宣	《萬姓統譜》卷八五
建文三年	「靖難」之中征哨滄州	梁城所	不詳	乾隆《寧河縣志》卷八《人物志·名宦·明·于本》
永樂八年	征漠北	薊州衛 天津右衛	不詳	《明宣宗實錄》卷三一，宣德二年九月乙未；《中國明朝檔案總匯》第68冊第21、71頁。
永樂時期	征漠北	天津衛 梁城所	不詳	《明英宗實錄》卷二九四，天順二年八月己卯；乾隆《寧河縣志》卷八《人物志·名宦·明·于本》。
宣德元年	征漢王朱高煦	天津衛	不詳	《明英宗實錄》卷二九四，天順二年八月己卯。
正統十四年	土木之變	天津右衛	不詳	《中國明朝檔案總匯》第68冊第20頁。
正統十四年	京師保衛戰	天津右衛	不詳	《中國明朝檔案總匯》第68冊第28、40頁。
景泰元年	大同之戰	天津右衛	大同總兵官郭登	《中國明朝檔案總匯》第68冊第40、41、42頁。

〔註44〕高凌雯：《天津縣新志》卷二七《叢余》，第1063頁。

成化十一年	延綏紅鹽池戰鬥	薊州衛	不詳	《明憲宗實錄》卷一四○，成化十一年四月壬辰。
正德六年至正德七年	征劉六、劉七	天津三衛	天津兵備副使陳天祥	《明武宗實錄》卷七五，正德六年五月壬戌；過庭訓《本朝分省人物考》卷二一《陳天祥傳》；《本朝分省人物考》卷九九《張鍵傳》。
萬曆二十八年	征楊應龍	天津兵 500 名	不詳	《明經世文編》卷四二四，李化龍《上內閣沈相公》。
萬曆後期至天啓時期	遼東作戰	天津營兵	不詳	《明神宗實錄》卷五八九，萬曆四十七年十二月甲寅。
天啓七年	救援朝鮮	海防、鎮海二營兵 1000 名	孫應龍、平登雲	《明熹宗實錄》卷八三，天啓七年四月壬戌。
天啓七年	救援遼東	標兵營、振武營	不詳	畢自嚴《度支奏議》新餉司卷三《題覆田錦衣條議餉運疏》。
崇禎二年	入衛京師	天津軍隊 4191 人	韓嗣增、劉國柱、宗餘蔭	畢自嚴《度支奏議》卷一○《遵旨查明援兵實數疏》。
崇禎五年	征孔有德	天津軍隊 3000 人	天津總兵王洪、天津舊將孫應龍	《崇禎長編》卷五五，崇禎五年正月戊辰；卷五八，崇禎五年四月乙未。
崇禎八年	剿滅河南歸德、陳州土寇	天津軍隊 3000 人	徐來朝	《崇禎實錄》卷八，崇禎八年春正月庚申。
崇禎十年	支持皮島	天津軍隊 1700 人	董游擊	《清太宗實錄》卷三四，崇德二年二月丙戌。
崇禎十六年	楊柳青伏擊清軍	500 騎兵	天津總兵周遇吉	《天津縣新志》卷二七《叢餘》。

第二節 防海

今天津地區所屬的靜海、寶坻二地在明代均瀕臨大海,關於二地的地理狀況,相關地方志中有相關概述,康熙《靜海縣志》的記載爲,「東海在縣東一百七十里,濱海之地,海潮汐所及」〔註45〕。康熙《寶坻縣志》中載有寶坻八景,其中之一即爲「海天東勝」,「邑東有大海,寰輿可通,吞吐百穀,瞬息萬狀,爲景之大者」〔註46〕。北塘口爲重要海口,東北青坨莊、蟶頭莊、蔡家鋪等莊俱南連海岸,西南三十里與大沽口連界〔註47〕。大沽海口寬一百五十丈,水深一丈五尺,兩岸壁立,一域中橫,土人謂之海門,咸潮抵海門而止〔註48〕。

一、洪武至萬曆前期

明代開國之初,海疆形勢即不太平,倭寇屢屢侵擾,「東自遼東,南抵閩、浙、東粵,濱海之區無歲不被其害」〔註49〕。洪武十七年,明太祖「命信國公湯和巡行沿海,起自山東以及淮、揚、浙、閩,各設立衛所,訓練舟師,其防甚密,若一敵國然」〔註50〕。總體來看,洪武時期倭寇在我國北部沿海主要侵擾山東、遼東等地,天津所在的渤海灣尙屬平靜,未受倭寇之害。

自建文時期直至永樂初年,朱棣爲加強燕薊地區的守備,在渤海灣陸續設置了一個千戶所和六個衛,對海防體系進行了充實和鞏固。由於天津地區「東臨海,西臨河,南通漕粟,北近上都」〔註51〕,海防位置相當重要,所以朱棣在今天津地區設立了多個軍事衛所。建文二年,朱棣在寶坻縣東南設置梁城守禦千戶所,「在寶坻縣東南一百四十里,洪武三十三年建,屬後軍都督府」〔註52〕。關於梁城所的軍事作用,袁黃有如下評述:「國家所置之城池,

---

〔註45〕閻甲胤、馬方伸:(康熙)《靜海縣志》卷一《分野志·海志》,《中國地方志集成·天津府縣志輯》第 5 冊,上海:上海書店,2004 年,第 14 頁。

〔註46〕洪肇楙、蔡寅斗:(乾隆)《寶坻縣志》卷二《形勝》,第 219 頁。

〔註47〕佚名:《畿輔輿地全圖》,臺北:成文出版社,1969 年,第 93 頁。

〔註48〕沈家本、徐宗亮:(光緒)《重修天津府志》卷二○《輿地二·山水》,第 906 頁。

〔註49〕谷應泰:《明史紀事本末》卷五五《沿海倭亂》,第 843 頁。

〔註50〕陳懿典:《陳學士先生初集》卷二六,《四庫禁燬書叢刊》集部第 79 冊,北京:北京出版社,1997 年,第 496 頁。

〔註51〕李邦華:《文水李忠肅先生集》卷三《撫津荼言·修造城垣疏》,第 147 頁。

〔註52〕李賢等:《大明一統志》卷一《順天府·公署》,第 18 頁。

有關係一方之利害者，有關係數十百里之利害者，如寶坻之縣之城則關係一方之利害者，一縣令守之足矣，梁城之所之城則關係數十百里之利害者。蓋海賊登岸，必由梁城所而入，於此不戒，且暮間即薄京城矣。是所守者雖一城，而所庇者則不啻數十百里也。」〔註53〕根據《明太宗實錄》卷三六的記載，永樂二年十一月，明成祖「以直沽海運商舶往來之衝，宜設軍衛，且海口田土膏腴，命調緣海諸衛軍士屯守」，遂於直沽設天津衛〔註54〕。同年十二月，又設立天津左衛〔註55〕。《明太宗實錄》記載，永樂四年十一月改青州右衛為天津右衛〔註56〕。根據嘉靖《河間府志》的記載，天津三衛均在靜海縣北90里小直沽〔註57〕。關於天津三衛與梁城所的關係，袁黃有如下論述，「國初設梁城一所巡察於外，而於天津置重兵馬，蓋天津無海，必由寶坻之海而入，寶坻之兵不多，必籍天津之兵為援，其地呼吸可通，其勢輔車相倚」〔註58〕。萬曆時期戶部尚書楊俊民說，「天津三衛原有兵九千三百九十員名，為海防而設」〔註59〕。天津三衛、梁城守禦千戶所的設置，進一步完善了渤海灣的防禦體系，充實了這一海域的軍事力量。

永樂十七年六月，遼東總兵官、都督劉江在金州望海堝設置伏兵，殲滅倭寇2000餘人，取得望海堝大捷〔註60〕。此後明代北部海防形勢趨於緩和，所以天津地區的海上防禦開始廢弛。「自是倭大懼，百餘年間，海上無大侵犯，朝廷閱數歲一令大臣巡警而已」〔註61〕。《明英宗實錄》記載，梁城所官軍在永樂時期專職防海，不曾差操，至正統時期也改為往京師操備，不僅疏於防海，而且無暇屯種〔註62〕。根據袁黃《防倭二議》的記載，梁城所初有軍士1000人專於防海，又有餘丁2000人，所以倭寇入犯之時，則能力挫來犯之地。至嘉靖時期，正軍逃亡過半，僅存的 420 餘人復於嘉靖二十九年悉數撥入振

〔註53〕劉邦謨、王好善：《寶坻政書》卷一〇《倭防初議》，第 400 頁。
〔註54〕《明太宗實錄》卷三六，永樂二年十一月己未，第 628 頁。
〔註55〕《明太宗實錄》卷三七，永樂二年十二月丙子，第 632 頁。
〔註56〕《明太宗實錄》卷六一，永樂四年十一月甲子，第 882 頁。
〔註57〕郜相、樊深：(嘉靖)《河間府志》卷四《宮室志》，第 254 頁。
〔註58〕劉邦謨、王好善：《寶坻政書》卷一〇《防倭二議》，第 403～404 頁。
〔註59〕陳子龍：《明經世文編》卷三八九，楊俊民《邊餉漸增供億難繼酌長策以圖治安疏》，第 4215 頁。
〔註60〕谷應泰：《明史紀事本末》卷五五《沿海倭亂》，第 842 頁。
〔註61〕張廷玉：《明史》卷九一《兵三・海防》，第 2244 頁。
〔註62〕《明英宗實錄》卷七四，正統五年十二月戊子，第 1441 頁。

武營。嘉靖三十八年，抽垛餘丁，三丁抽一丁爲正，二丁爲幫，400多名餘丁調戍石塘嶺，以致海上防守無人〔註63〕。永樂二年，天津設二營，分春、秋兩次防海操備，正德時期改由大寧都司統領赴京操練。嘉靖二十九年，又改調黃花鎮備禦。嘉靖三十九年，題准改於薊鎮松棚路修守，以路將帶管。萬曆元年，設立將領爲游擊，分左、右二營〔註64〕。汪應蛟曾說：「天津距都城二百里而近，要害與各關仝，第以海防久廢，三衛官軍向移爲薊鎮遞守，無兵無將，故不入巡閱數中。」〔註65〕袁黃在《倭防初議》中說：「嘉靖二十九年，屬夷作逆，鄙邊空虛，而天津、梁城之軍盡調於邊，海口空無人矣。」〔註66〕萬曆時期，戶部尚書楊俊民也指出，「天津三衛原有官兵九千三百九十九員名，爲備倭而設，後因各兵坐糜糧餉，遂擇精兵壯五千七百有奇，令兩游擊統領赴薊鎮修守，今一聞倭警，遽添兵添餉，不知國初設衛之本意平日訓練之謂何」〔註67〕。

同是赴邊修築、防守，天津三衛之軍尚能更番而歸，梁城所之軍則終歲不易，梁城所有官無軍，以致城門啓閉也要雇用人夫，梁城所所屬沿海墩臺之地也被御馬監侵奪，指揮人等進行訴求，竟被擊斃杖下。至袁黃就任寶坻知縣後，與太監張誠商議，河東之地才復歸寶坻，墩臺才得以修飭。萬曆十七年，袁黃向密雲兵備道申請後，始募足100名軍士守禦梁城所墩臺，並清查梁城所屯地，每名給地38畝耕種，以供本軍口糧，雖然有軍士防守，但地廣軍寡，防守難周〔註68〕。這些就是援朝禦倭戰爭前天津海防的眞實情況。

二、援朝禦倭戰爭時期

萬曆二十年正月，豐臣秀吉命師侵略朝鮮，四月十二日小西行長率軍在朝鮮釜山登陸，然後分兵北犯，這時朝鮮已承平二百餘年，軍隊戰鬥力低下，望風皆潰，三個月內日本幾乎侵佔了朝鮮全境〔註69〕。由於朝鮮世爲藩籬，

〔註63〕劉邦謨、王好善：《寶坻政書》卷一〇《防倭二議》，第401～402頁。
〔註64〕杜應芳、陳士彥：（萬曆）《河間府志》卷六《武備志·天津兵制》，第25～26頁。
〔註65〕汪應蛟：《海防奏疏》卷二《酌議海防未盡事宜疏》，第410～411頁。
〔註66〕劉邦謨、王好善：《寶坻政書》卷一〇《倭防初議》，第400頁。
〔註67〕陳子龍：《明經世文編》卷三八九，楊俊民《邊餉漸增供億難繼酌長策以圖治安疏》，第4206頁。
〔註68〕劉邦謨、王好善：《寶坻政書》卷一〇《倭防初議》，第400頁。
〔註69〕谷應泰：《明史紀事本末》卷六二《援朝鮮》，第963頁。

明朝決定出兵征討日本。八月，明神宗命兵部右侍郎宋應昌往保、薊、遼東等處經略備倭事宜〔註70〕。十月，明神宗再命李如松爲提督薊遼、保定、山東等處防海禦倭總兵官〔註71〕。十二月二十五日，提督李如松率四萬餘將士東渡鴨綠江。

　　禦倭援朝戰爭爆發後，之前輪班赴薊鎮防守的天津春、秋班營，這時也開始改留天津，以加強天津海防力量，正如汪應蛟所言，「天津三衛官軍本爲防海而設，後以海上無事，虜騎憑陵，遂調赴薊鎮防守。至萬曆二十年來倭急則議留，倭緩則議調，旋留旋調，輾轉無常，臣不得已而有春秋遞防邊、海之議」〔註72〕。萬曆《河間府志》也記載，萬曆十九年因倭情叵測，天津海防左、右二營由入衛薊鎮改爲春、秋防海，左營額兵3000名，右營額兵2992名，馬、騾各80頭，專爲探報倭情而設〔註73〕。至萬曆二十五年三月，保定巡撫李盛春奏言倭情叵測，春汛方殷，請將天津營春、秋兩防歇班官軍加給行糧，留防海口，既省召募之費，且得修備之用，報可〔註74〕。同年十一月，天津巡撫萬世德也奏請將班軍留作防海之用，也奉旨允行〔註75〕。根據以上李盛春、萬世德等人的奏請，我們可以知道赴邊班軍改爲防海，需要相關官員根據邊防、海防形勢的變化來奏請，而未形成制度化。同時，在保定巡撫李盛春的奏請中，僅將歇班官軍留防海口，可知這時天津班軍春、秋赴邊修築並未停止，這時邊防、海防均相當嚴峻，「倭、虜俱稱勁敵，邊、海盡係要防」〔註76〕，天津春、秋兩防班軍既要赴邊修築，歇班時又要防守海口，任務確實很重。天津春、秋兩班營改爲防海後，還設立了海防游擊以進行統轄。萬曆二十年六月，任命神機營指揮僉事宋人斌爲天津海防游擊〔註77〕。萬曆二十一年八月，又改統領天津春班游擊、署都指揮僉事王承業爲天津海防游擊〔註78〕。

〔註70〕《明神宗實錄》卷二五一，萬曆二十年八月乙巳，第4681頁。
〔註71〕《明神宗實錄》卷二五三，萬曆二十年十月壬寅，第4711頁。
〔註72〕汪應蛟：《撫畿奏疏》卷八《海濱屯田試有成效疏》，第506頁。
〔註73〕杜應芳、陳士彥：（萬曆）《河間府志》卷六《武備志・天津兵制》，第25～26頁。
〔註74〕《明神宗實錄》卷三〇八，萬曆二十五年三月甲辰，第5761～5762頁。
〔註75〕《明神宗實錄》卷三一六，萬曆二十五年十一月庚戌，第5900頁。
〔註76〕宋應昌：《經略復國要編》卷二《移薊遼總督軍門諮》，第29頁。
〔註77〕《明神宗實錄》卷二四九，萬曆二十年六月乙卯，第4644頁。
〔註78〕《明神宗實錄》卷二六三，萬曆二十一年八月癸巳，第4879～4880頁。

　　天津這時屯集數萬兵力，成為戰略的大後方。為訓練一支具有較強戰鬥力的精銳部隊，萬曆二十年七月，直隸巡按御史劉士忠奏言，將雲集天津的23000餘軍隊按籍而數，汰其老弱，挑選精銳5000，與南兵600人合為一營，教習水戰，安插於近海村落，其餘則於保定、河間操練，海上有警，數日之間即可調至，士卒得以休養，軍餉不至虛靡〔註79〕。與劉士忠的精兵思想相同，萬曆二十年九月，保定巡撫劉東星也在奏疏中說，「倭雖強，不及中國什一，患我器多而不精，官多而不適用耳」，於是劉東星建議「將十營汰多弱，選精銳，可得萬五千餘人，時操練，嚴紀律，倭不足擒也。新兵三千或令尙忠兼統，或令游擊一員領之，少一官則省一官之費」〔註80〕。萬曆二十年十一月，天津兵備道梁雲龍稱，其所轄區域南自鄭家溝山東海豐縣界起，北至大沽海口密雲道寶坻縣界止，各海口險要分布兵馬計18000餘名〔註81〕。

　　在援朝戰爭的第一階段，宋應昌是前線的最高指揮者，從戰爭全域出發，這一時期宋應昌對國內遼東、天津、山東等地海上防禦也多有貢獻。萬曆二十年八月，宋應昌受命往保、薊、遼東等處經略備倭事宜，即指出遼左、天津皆畿輔要害，承平日久，軍務廢弛，請發錢糧，製造器炮〔註82〕。萬曆二十年九月，宋應昌移文順天、保定巡撫，令其督率該管衙門，各照信地，將天津、寶坻一帶海防事宜預先查議辦理，不許延遲〔註83〕。萬曆二十年十月，經略宋應昌建議添設海防協守副總兵一員，再設游擊二員，與吳惟忠共三員，再添守備四員，仍招募南、北兵15000名，並之前招募兵士，共18000名，分為四營，以三游擊各領3000名，吳惟忠領南兵3000名駐於樂亭，新添游擊一員駐於海洋，再添南兵一營駐於寶坻北塘。新添守備四員各領兵1500名，一駐於南塘，一駐於豐潤黑洋河，俱聽北塘游擊節制；一駐於陳家莊，一駐於山海南口，俱聽海洋游擊節制，各控要衝，分布防守。協守副總兵領兵3000名，駐於適中常家莊等處，居中調度，游擊、守備悉聽副總兵節制，每遇汛期，相機往來督備，合力防援，俱由薊鎮總兵節制〔註84〕。

〔註79〕　《明神宗實錄》卷二五〇，萬曆二十年七月壬戌，第4650頁。
〔註80〕　《明神宗實錄》卷二五二，萬曆二十年九月乙亥，第4697頁。
〔註81〕　宋應昌：《經略復國要編》卷三《移山東孫巡撫諮》，第57頁。
〔註82〕　《明神宗實錄》卷二五一，萬曆二十年八月壬子，第4864～4865頁。
〔註83〕　宋應昌：《經略復國要編》卷一《論救郭御史疏》，第22頁。
〔註84〕　宋應昌：《經略復國要編》卷二《議設薊遼保定山東等鎮兵將防守險要疏》，
　　　　　第33頁。

　　萬曆二十年八月，宋應昌受命往保、薊、遼東等處經略備倭事宜〔註85〕，之後他親自巡歷海口，修戢防禦，寶坻等處海口形勢已經查勘，本欲往天津海口查勘，十月宋應昌行至香河，接到遼東撫鎮塘報，稱日軍摧陷朝鮮，掘毀王墓，擄掠王子，必欲西犯，朝廷屢降征剿之命。所以宋應昌查勘各處海口的計劃被迫停止，於是他命天津兵備道會同贊畫劉員外，親詣鹽山、靜海、滄州等處，直至寶坻一帶緊要海口，備行查勘，其應該設防備禦之處，務必從長議處，以保萬全，並將查勘過事宜呈報查考〔註86〕。

　　經略宋應昌在《議處海防戰守事宜疏》中言，「戰、守二者利害相關，言戰則朝鮮求救甚急，然不能爲無米之炊，必速集軍兵，始可相機而動；言守則天津、登萊、薊、密、永、遼爲最，然不宜拘尋常之見，必控扼險要，方爲萬全之謀」〔註87〕。萬曆二十一年二月三十日，爲加強海上防禦，經略宋應昌致書天津、永平、山東、遼海等道，「今二月將終，春汛屆期，所據沿海地方相應再行申飭，簡仰本道官吏查照節行事理，即便嚴行將領、有司等官，將應該分布兵馬，應置軍火器械、瞭望墩臺、哨探漁船上緊設備，無警時加稽查，有警並力拒堵，務使倭奴進無所掠，大遭剉衂」〔註88〕。

　　萬曆二十一年正月，碧蹄之戰後，中、日開始和議，日軍答應四月初八從朝鮮撤退，並歸還俘獲的朝鮮王子、大臣，履約後中國封豐臣秀吉爲日本國王。至七月下旬，部分日軍撤出朝鮮，但仍有部分日軍盤踞釜山等處。中國方面只留劉綎率領的5000川軍駐守朝鮮，其他各鎮兵馬全部撤回，十二月經略宋應昌、提督李如松由朝鮮回國，援朝戰爭的第一階段結束，之後中、日雙方進入議和階段。在與日本議和的時間裏，明朝一些有遠見的大臣即指出不可被暫時的議和而麻痺，總督孫鑛認爲，「即云退兵，焉知不詐伏近島以紿我」，於是疏請仍調海防營兵與天津新兵，兼增水兵，嚴加堤備，以俟便宜援剿。而兵部尚書石星一意主和，並沒有採納孫鑛等人的正確建議〔註89〕。萬曆二十三年九月，天津沿海水、陸官兵已經開始撤還〔註90〕，天津海防游擊陳燮也改任分守浙江臺、金、嚴參將〔註91〕。

〔註85〕《明神宗實錄》卷二五一，萬曆二十年八月乙巳，第4681頁。

〔註86〕宋應昌：《經略復國要編》卷二《檄天津兵備道》，第40頁。

〔註87〕宋應昌：《經略復國要編》卷三《議處海防戰守事宜疏》，第53頁。

〔註88〕宋應昌：《經略復國要編》卷六《檄天津永平山東遼海等十三道》，第136頁。

〔註89〕《明神宗實錄》卷二八二，萬曆二十三年二月乙卯，第5215～5216頁。

〔註90〕《明神宗實錄》卷二八九，萬曆二十三年九月己丑，第5358～5359頁。

〔註91〕《明神宗實錄》卷二八九，萬曆二十三年九月壬午，第5354頁。

　　至萬曆二十四年四月，千總謝隆稟稱關白起兵二十餘萬，目下要犯天朝，這時兵部尚書石星認識到和議已經失敗，建議及時議處調兵、轉餉事宜，天津、永平、山東、閩、廣、浙、直等海防沿線一體防範，務保萬全〔註92〕。萬曆二十四年五月，工部都水司郎中嶽元聲參劾兵部尚書石星誤國之罪，並分析了當時的危急形勢，如倭奴長驅朝鮮，朝鮮自度不支，且暮稱降，則藩籬危；如倭奴逞兵鴨綠，窺伺遼左，攻我無備，則屏翰危；如倭奴席指直沽，飄泊天津，震動畿輔，則肘腋危；如倭奴東寇登萊，控制要害，伺我糧道，則咽喉危；如倭奴烏舉城下，所向螫毒，束手失策，則社稷危〔註93〕。鑒於當時嚴峻的海防形勢，萬曆二十四年五月，明神宗命薊遼督撫負責天津、登萊、浙、直、閩、廣等處海防事務，宣大邊兵及浙兵俱聽調遣〔註94〕。

　　萬曆二十五年十二月底至次年正月初的蔚山之戰，由於指揮失誤，功敗垂成，士卒死亡殆二萬，經略楊鎬先退於慶州，後逃奔漢城，又謊報戰況，向朝廷奏捷。萬曆二十六年六月，東征贊畫主事丁應泰參劾楊鎬辱國欺君之罪〔註95〕。於是明神宗命朝臣另廷推經略人選，萬曆二十六年六月二十三日，明神宗下詔，萬世德經略朝鮮，汪應蛟巡撫天津〔註96〕。

　　汪應蛟就任天津巡撫後，通過練兵、增餉等一系列措施，加強了天津和周邊地區的海上防禦力量。嘉靖時期，東南地區倭患嚴重，在抗擊倭寇的過程中，明代軍隊、官員對倭寇的戰術、戰法、武器都有相當的瞭解，湧現出了以戚繼光、譚綸、俞大猷、胡宗憲等為代表的一批抗倭名將。在這場戰爭中，中國軍民創造了適應對倭實戰要求的戰術、陣法，積累了豐富的作戰經驗，根據倭寇特點而製造的各種制敵武器也顯示出優越的作戰性能，這些來自戰爭實踐的寶貴財富在援朝禦倭戰爭中顯示出其巨大價值。根據嘉靖時期的抗倭經驗，「倭皆步兵也，其跳躍輕捷，我兵不能及，又鳥銃發百步而百中，利刃三尺所過無不披靡，此其所長也」。針對倭寇的這個特點，戚繼光當年在福建、浙江等地總結出了相應的戰法，「視賊技長短而製器以應之，視賊形飄忽而制陣以待之，故遠戰則以鳥銃、火箭、佛狼機之類當彼鳥銃，近戰則以槍、筅、钂牌之類當彼長刃，又視倭善誘伏，吾亦與之為誘伏，猝而逼之，

〔註92〕　《明神宗實錄》卷二九六，萬曆二十四年四月乙卯，第5511頁。
〔註93〕　《明神宗實錄》卷二九七，萬曆二十四年五月甲戌，第5550～5551頁。
〔註94〕　《明神宗實錄》卷二九七，萬曆二十四年五月丙子，第5555頁。
〔註95〕　《明神宗實錄》卷三二三，萬曆二十六年六月丁巳，第5995～5998頁。
〔註96〕　《明神宗實錄》卷三二三，萬曆二十六年六月丙子，第6008頁。

鳥銃無所施其巧，火以先之，長刃無所用其利」。這種戰法「隱吾所短而用吾所長，又避彼所長而襲其所短」，所以能殲滅倭寇，掃除倭患。汪應蛟即以戚繼光的這種戰法操練天津步兵，由於保定鎮軍隊負責增援天津地區，所以汪應蛟請求與保定巡撫一起招募南兵，挑選南兵教師，增置軍械，加強操練，以備津海之援〔註97〕。

除了以戚繼光的戰法訓練步兵外，汪應蛟還注重提高士兵的綜合技、戰術素質，以陸上戰法訓練水兵，增強其綜合作戰能力。根據汪應蛟的計劃，「通行沿海道、將，凡已設、未設水兵，除操舵鼓栧、演習銃炮外，仍預備槍、筅、钂、牌等器，並預編行伍，責令於近岸兼習。賊至，先以水技邀截於海洋，倘賊捨舟登陸，則量留舵、桃等役守船，餘兵各循隊伍，以陸技追襲賊後，與陸兵相為夾擊，此亦變寡為眾，先機制勝之一策也。萬一倭形前後隱伏，或以數舟嘗我而大艘在後，則須探哨分明，接應閒整，或分兵襲陸，或留兵備後，此又在將官相機調度，不可以膠柱而鼓」。汪應蛟強調「兵無定形，惟將所用……第訓練有方，器械預備，則可以隨機適用」〔註98〕，士兵要增強綜合作戰素質，將領也要隨機調度，這種軍事思想是符合實戰要求的。

汪應蛟就任天津海防巡撫後，巡閱沿海兵馬，看到了當時軍隊的真實情況，營伍難於創始，將吏狃於因循，器械尚未盡備，擊刺尚未盡精，可以待戰之兵僅十之三、四。為改變這種狀況，提高軍隊的戰鬥力，汪應蛟將申號令、嚴訓練、明賞罰作為首要任務。當時遼東每年終通核各營兵馬有無補足，器械有無完備，行伍有無精練，並將此作為各級武官賞罰、獎懲的重要標準，薊州、保定二鎮也仿照遼東的做法，取得了很好的效果。汪應蛟認為這種做法是鼓舞將吏、振飭邊疆的關鍵，於是奏請「通行沿海各道，凡器械未備者，刻期置造齊備，通將水、陸各兵，督行各將領嚴加訓練，務俾耳目習於旗鼓，手足習於攻擊，膽氣習於鋒刃，志念習於法紀，每春、秋二汛容臣巡行閱試，歲終查照遼、薊前例，會同各鎮分別舉劾，中軍、千、把總以下獎革有差」，如此賞罰嚴明，榮賞誘之於前，祗辱驅之於後，將領必能殫心訓練，士卒也會精強堪戰〔註99〕。

〔註97〕汪應蛟：《海防奏疏》卷一《倭氛未滅防禦宜周疏》，第399～400頁。
〔註98〕汪應蛟：《海防奏疏》卷一《倭氛未滅防禦宜周疏》，第400頁。
〔註99〕汪應蛟：《海防奏疏》卷一《倭氛未滅防禦宜周疏》，第402頁。

　　將領素質、能力的高低，關乎一支軍隊的勝敗、存亡，其作用至關重要。天津巡撫汪應蛟曾致書兵部和薊遼總督，建議多方訪求水陸堪戰之將，置之幕下，以備緩急更置之用，並指出應該知人善任，而不應該苛察、苛求，「跅弛之材或負遺俗之累，必無以二卵棄干城，無以尺朽棄合抱」。當時汪應蛟標下有聽用廢將、部諮材官，汪應蛟認爲這些人雜濫、耗餉，於是對將領進行精選，一方面清汰庸懦虛談之人，另一方面則延攬沉鷙待用之士〔註100〕，通過對將領的考察、甄選，軍隊戰鬥力的提高也有了保證。

　　由於海禁政策的實施，當時北部沿海遼東、山海、旅順、山東等地互不關聯，聲勢不通。由於長期因循、懈怠，所以軍隊中存在一種日軍未必來犯的錯誤思想，以致「凡舟楫、器械之設將視爲贅疣」，「凡會哨、互援之務將視爲戲具」。爲此，汪應蛟決定扭轉積習，加強海上防禦，建議命沿海各道、將務必整頓水兵，控截要害。若日軍乘隙而入，沿海各處則嚴守信地，明確責任，「如從登州信地循南岸內犯，則罪坐登、萊道將，而臣與山東撫臣均任其責；從旅順信地循北岸內犯，則罪坐旅順、山海道將，而臣與順天撫臣均任其責；又或從旅順飄洋，從中路直抵天津，則本地水陸官兵隨地堵截，眞、保兵馬刻日東向策應，不效則罪坐天津道、將，而臣與保定撫臣亦均任其責」。同時要在戰時相互增援，協同作戰，「聯絡聲勢，互相救援，尤不宜自分彼此，推諉誤事。如有觀望坐視、致失應援者，容臣等臨時查核，一體坐罪，如此則軍政嚴明，人心震迭，外固海防，內保畿甸，若泰山四維之矣」〔註101〕。

三、萬曆後期至崇禎時期

　　萬曆二十六年十一月，露梁海之戰中，中朝聯軍大敗日本侵略者，歷時七年的反侵略戰爭取得徹底勝利。明朝廷開始籌畫各項善後事宜，萬曆二十六年十二月，直隸巡按黃紀賢奏言，將天津海防巡撫改衛保定，仍駐天津，「以山東巡撫加敕防海，移駐登萊，無事則晝夜分洋，各保信地，有事則首尾擊應，務收全功，上可易於責成，下不亂於指視，候倭平各回原駐地方」〔註102〕。同月，兵科右給事中桂有根疏陳善後七議，其中之一爲「去冗官以規省便，督臣於料理朝鮮之後，仍當駐紮遼陽，兼制倭虜，朝鮮止留一撫臣、一司道，

〔註100〕汪應蛟：《海防奏疏》卷一《倭氛未減防禦宜周疏》，第402～403頁。
〔註101〕汪應蛟：《海防奏疏》卷一《倭氛未減防禦宜周疏》，第403～404頁。
〔註102〕《明神宗實錄》卷三二九，萬曆二十六年十二月戊午，第6083頁。

水陸遼廣之兵，各留大將一員、裨將數員，其餘總兵、參、遊等官與天津新設撫臣俱應裁革」〔註103〕。萬曆二十七年正月，天津海防巡撫被裁革，汪應蛟改任保定巡撫〔註104〕。戰後沿海地方大規模裁官、撤兵，天津海防巡撫已被裁革。天津原設有清軍同知一員管理海運事務，由於其居於海濱，汪應蛟建議由清軍同知負責海防事務，比照閩、浙及青、登、萊各府同知，加以「海防」二字，仍請給河間府海防清軍同知關防一顆，庶上下文移、出入錢穀，有印信可據〔註105〕。

援朝禦倭戰爭結束後，汪應蛟改任保定巡撫，天津地方仍爲保定巡撫轄區，所以汪應蛟肩負防虜、防倭雙重責任。「防虜重秋，防倭重春，所從來矣。春未嘗無虜患，而秋高馬肥尤其騁轡之時；秋未嘗無倭患，而風和浪靜正其揚帆之候」。由於海上島氛、鯨浪倏忽靡常，如果不巡行查閱，必然會「振屬漸弛，人情漸玩，水陸蜂屯之衆將至於驕惰而不可用」。爲此，汪應蛟奏請比照浙江、南省隸撫臣事例，春汛之時量帶標兵數百名前來天津駐紮，校閱水、陸兵馬，督發戰船出海巡視，俟汛畢回鎭。秋汛之期以防邊爲重，則責令天津兵備道會同將官操練督發，倘有警息，則星夜馳報，相機調度，「庶門戶之鎖鑰常嚴，海外之鯨鯢自戢，即草澤奸徒亦有所震懾而不敢肆」。關於具體事務，如會哨之規、傳烽之法等，汪應蛟則建議查照節奉欽依事理，會同山東撫臣每歲申飭沿海各道遵照施行〔註106〕。

當時居庸、山海、紫荊、倒馬等關，每年遣御史一員巡察，三歲一閱視，凡臺牆之繕修、軍馬之訓練、器械之堅完、錢糧之出納，悉聽查核，文武大小諸臣舉刺有差，其制可謂嚴密。汪應蛟認爲防海、防邊事同一體，所以天津應比照居庸、山海等關之制，凡水陸兵馬、船隻、器械、烽墩、錢糧等事務悉聽巡關御史巡歷稽察，仍增入敕書以垂永制，每三年特遣閱視，與各關一體嚴閱，分別敘論，以使憲度益明，人心益肅，將吏奉法惟謹，而海上干城自固。而且各鎭有年終甄別之制，而天津水、陸二營向屬海防巡撫專管，未經通行，現在海防巡撫裁革，則改由保定巡撫管轄，其將領照例由保定巡撫汪應蛟舉刺、獎懲〔註107〕。

〔註103〕《明神宗實錄》卷三二九，萬曆二十六年十二月丁丑，第6091～6092頁。
〔註104〕《明神宗實錄》卷三三〇，萬曆二十七年正月庚子，第6102～6103頁。
〔註105〕汪應蛟：《海防奏疏》卷二《酌議海防未盡事宜疏》，第407～408頁。
〔註106〕汪應蛟：《海防奏疏》卷二《酌議海防未盡事宜疏》，第409頁。
〔註107〕汪應蛟：《海防奏疏》卷二《酌議海防未盡事宜疏》，第410～411頁。

　　戰後議裁減天津兵馬，家丁、力士也面臨裁減，汪應蛟建議挑選 300 名家丁，配以戰馬 300 匹，併入真定標營，真定標營之兵有疲弱、事故者，即以這 300 名家丁補足，家丁得到實用，又沒有增加兵額。剩下 400 名力士也按照同樣辦法，撥補民兵各營，舊兵有逃亡、事故者，即以力士填補〔註108〕。

　　萬曆三十年三月，日本派遣使臣橘智，求與朝鮮款和，兵科給事中孫善繼建言不可以此放鬆戰備，「沿海地方天津以至閩、廣，綿亙萬有餘里，彼何處不可犯，我何一之可恃，所應先事戒備，以外警門庭，內護堂奧」。兵部覆議「中國惟當問防海之備不備，而不當問朝鮮之款末款，請移文沿海各省直撫鎮司道等官，時時訓練兵船，修繕險隘，整頓器械，興復屯餉，及鄰近防汛地，無事則會哨分防，有事則合舟宗協剿，仍仿各邊甄別之法，每遇雨汛完日，聽撫按分別舉刺以憑黜陟」〔註109〕。

　　從援朝禦倭戰爭爆發後，直至後來的後金發難，天津與遼東、山東、薊州在戰略上相互依存、相互支撐程度大大增強，朝廷也對上述地區進行整體戰略布局，各個時期設置了多個官職對上述地區的軍事進行統一領導。萬曆三十年十二月，遼東巡撫趙楫在奏疏中說，旅順口南對登州，為天津之門戶，倭奴入犯山海、天津，必繇此路，盈盈一水，揚帆可渡。山東登州游擊一員統領水兵 1000 餘名，駐紮旅順以防倭患。如果此兵一撤，不但遼左可虞，天津、山東恐亦不能安枕而臥，所以趙楫建議仍將登州游擊、水兵責令駐紮旅順以備不虞〔註110〕。

　　《明神宗實錄》記載，萬曆三十四年四月，根據薊遼總督蹇達、保定巡撫孫瑋建議，裁天津海防副將，改設游擊一員，統領水陸兵 2500 名，計歲減廩餼、兵餉、馬料等銀 4000 有奇〔註111〕。萬曆《河間府志》的記載與此基本相同，萬曆三十四年，由於倭警寧息，裁葛沽營副將，改設游擊一員，汰官兵，減餉銀，止留南、北官兵 2503 名〔註112〕。畢自嚴《餉撫疏草》對海防營也有如下記載，「津門之有海防營，原以防海而備倭也，先年設水、陸二營，共五千人。其後倭平撤去，僅存一營，共二千五百人，內水兵用南人一千五百名，每名月餉一兩五錢，每歲約該餉銀十八兩；陸兵用北人一千名，每名

〔註108〕汪應蛟：《海防奏疏》卷二《酌議海防未盡事宜疏》，第 405～406 頁。
〔註109〕《明神宗實錄》卷三七○，萬曆三十年三月癸酉，第 6933～6934 頁。
〔註110〕《明神宗實錄》卷三七九，萬曆三十年十二月辛卯，第 7132～7133 頁。
〔註111〕《明神宗實錄》卷四二○，萬曆三十四年四月丙寅，第 7961 頁。
〔註112〕杜應芳、陳士彥：(萬曆)《河間府志》卷六《武備志・葛沽兵制》，第 26 頁。

月餉一兩，遇汛量加行糧、稻穀，每歲約該餉銀十三兩，俱於保、河、眞、順、廣、大六府每歲派解天津餉司收放」〔註113〕。李邦華《撫津荼言》的記載爲，「戊戌、己亥間，倭寇朝鮮，中土猶爲震動，曾設一副將，領水陸官兵五千，艨艟畢具，防守茲土，名曰海防營，自倭患既息，前兵半撤，而副將亦罷，今僅除都司矣」〔註114〕。

天啓元年三月，遼陽城被後金攻佔，之後三河、鎭江、海州、復州、蓋州等地相繼陷落。由於天津承擔著遼東地區的軍需供應，遼陽等地失守後，天津的軍事重要性更加突出，在這種形勢下，設置天津巡撫成爲明代君臣的共識。天啓元年五月初三日，畢自嚴開始就任天津巡撫〔註115〕。當時天津班軍輪班戍守薊鎭松棚路，葛沽營則被徵調參加屯田，「陸處無營，水處無舟，旌旗、戈甲強半朽敝」〔註116〕，這就畢自嚴就任天津巡撫時的情形。天啓元年四月，朝廷發過天津、通州等處募兵銀四萬兩〔註117〕。爲補充兵力，畢自嚴多方召募壯勇，至六月共召募兵丁2000多人〔註118〕。至天啓二年二月，畢自嚴在奏疏中說：「原議津門用兵三萬，今陸兵一萬二千，水兵三千二百，宜再募以補前額」〔註119〕，由此可見畢自嚴上任後半年多的時間內，經過召募，天津地方的兵力已經大爲增加。除募兵外，天啓元年七月經畢自嚴奏請，天津班軍一半留於天津守衛地方〔註120〕。

天啓元年六月，爲恢復遼陽，兵部右侍郎熊廷弼提出「三方布置」的策略，「廣寧用騎步對壘於河上，以形勢格之，而綴其全力，海上督舟師，乘虛入南衛，以風聲下之而動其人心，奴必反顧而亟歸巢穴，則遼陽可復。於是議登、萊、天津並設撫、鎭，山海適中之地特設經略，節制三方，以一事權」〔註121〕。根據「三方布置」的策略，廣寧爲正，登、津爲奇〔註122〕，天啓元

〔註113〕畢自嚴：《餉撫疏草》卷一《防兵盡改屯兵海澨單虛可慮疏》，第48頁。

〔註114〕李邦華：《文水李忠肅先生集》卷三《撫津荼言・歸併水營疏》，第134頁。

〔註115〕畢自嚴：《石隱園藏稿》卷五《疏一・錢糧不繼疏》，第501頁。

〔註116〕畢自嚴：《石隱園藏稿》卷五《疏一・撫津事玻疏》，第510頁。

〔註117〕《明熹宗實錄》卷九，天啓元年四月癸巳，第469頁。

〔註118〕畢自嚴：《石隱園藏稿》卷五《疏一・錢糧不繼疏》，第501頁。

〔註119〕《明熹宗實錄》卷一九，天啓二年二月庚午，第956頁。

〔註120〕《明熹宗實錄》卷一二，天啓元年七月庚子朔，第585～586頁。

〔註121〕《明熹宗實錄》卷一一，天啓元年六月辛未朔，第543頁。

〔註122〕畢□□：《淄川畢少保公年譜》，《北京圖書館藏珍本年譜叢刊》第55冊，北京：北京圖書館出版社，1999年，第731頁。

年七月天津、登萊二巡撫各加贊理征東軍務銜〔註123〕，天津對於遼東戰場具有重要的戰略支撐作用。

天啓元年五月，朝廷重設天津巡撫，畢自嚴就任後，戎幄新開，倉卒受事，無兵，無馬，無甲，無仗，營制疏蕪，諸事皆須創置。當時兵部題覆津門募兵10000名，其中陸兵選鋒健丁2000名，土著步兵3000名，水兵5000名，安家、盔甲、器械、衣裝、馬價、行糧共該銀18萬兩，此外置戰車，造戰船，繕營房，合火藥，製火器等費用更多，朝廷給發的軍費不及十分之一。當時畢自嚴籌畫「差官募邊兵於延綏等處，募水兵於淮揚等處，而苦安家之不備矣，欲差官市馬於宣大等處，而苦馬價之不贍矣，欲開局打造盔甲、腰刀，擬市建鐵於臨清、蕪湖，市熟鐵於山西潞安等處，而又苦物價之不敷矣」。因此，畢自嚴奏請勅下兵、工二部將所需錢糧作速如數給發，以便乘時召募、整頓，以備緩急之用〔註124〕。

根據《淄川畢少保公年譜》所言，畢自嚴在天津「置水軍，繕戰船，募陸兵，市戰馬，備戎衣，造戰器，修墩臺，建營房」，「設鎮海前、後、奇三營，用戚太保繼光遺法練水軍，先習陸戰，軍大可用」，「練兵護漕運，立法飭海防，津門屹若長城」〔註125〕。李邦華在《撫津疏草序》中也對畢自嚴稱讚道，「公至，立規模，定章程，闢戎伍，繕艅艎，水陸拮据，月不啻四十五日，奏請絡繹於道，壁壘井井，屹然京東雄鎮」〔註126〕。《天津府志》也對畢自嚴有如下評論，「庶事草創，晝夜經營，招募水陸兵三萬人，市馬千匹，戰艦、營房、甲仗稱是，請於部者不過七萬有奇，以三萬成軍，計所贏且四萬餘，籌畫軍資，事贍而用約，他人莫能及也」。當孫承宗以閣部督師閱邊時，至天津看到將士精銳，部伍整肅，歎曰：「使九邊盡若是，何憂戎馬哉？」〔註127〕

天啓二年五月，朝廷任命李邦華為天津巡撫。八月一日，李邦華正式就任〔註128〕。九月，天津巡撫李邦華自津門出葛沽，查勘海防要害，昔年備倭所設傳烽之具已漸為平陸，葛沽海防營原有水陸兵5000人，後減為2500人，

〔註123〕《明熹宗實錄》卷一二，天啓元年七月壬戌，第623頁。
〔註124〕畢自嚴：《石隱園藏稿》卷五《疏一·錢糧不繼疏》，第501～502頁。
〔註125〕畢□□：《淄川畢少保公年譜》，第731頁。
〔註126〕畢自嚴：《石隱園藏稿》卷五《疏一·撫津疏草序》，第509頁。
〔註127〕李梅賓、吳廷華：(乾隆)《天津府志》卷二○《名宦志》，第302頁。
〔註128〕李邦華：《文水李忠肅先生集》卷三《撫津茶言·到任疏》，第87頁。

頃調發遼陽 1000 名，無一還者，兵勢頓弱，而寶坻至京師 240 里，竟無一兵之設，防禦之疏至此極也〔註129〕。援朝禦倭戰爭期間，順天巡撫李頤曾於寶坻塘兒上設兵 500 駐守，後由於遠戍之兵不慣於此地的鹹水，所以軍門千總鄭傑乃請自領鄉兵戍守，順天巡撫所設 500 兵遂撤去，朝鮮倭患平息後，鄭傑所領鄉兵也散去。鄭傑之子鄭登雲原爲糧運加衛守備，明習故事，議論慷慨，頗爲地方所推服，於是李邦華命鄭登雲仍於塘兒上加強防守〔註130〕。

　　總體來看，天啓元年遼東金、復、海、蓋等地陷落後，隨著熊廷弼「三方布置」方略的提出，天津地區的海防地位迅速提升。畢自嚴、李邦華二任巡撫苦心經營，多方增加兵力，加強裝備，籌集軍餉，使天津海防得到鞏固、加強。然而隨著「三方布置」方略的流產，天津地區已不再是恢復金、復、海、蓋等地的戰略依託，轉而成爲供給遼東後勤保障的後方基地，天津地區的海防也未得到應有的重視。如葛沽海防營自汪應蛟任巡撫時參加屯田，天啓三年經管理天津至山海關等處屯田事務的太常寺少卿董應舉奏請，葛沽營 2000 名兵卒歸董應舉管轄。畢自嚴、李邦華、黃運泰、崔爾進等人要求將葛沽營兵丁撥回防海，而葛沽營始終未能撥回，一直參加屯田活動，由此可見這時朝廷對天津海防不再如之前那樣重視。

第三節　屯田

一、明代天津地區軍事屯田的開端

　　天津在元代即爲重要的軍事屯田地區。元世祖至元四年，於武清、香河等縣置立中衛，由樞密院管轄，進行屯田。至元十一年，遷於河西務、荒莊、楊家口、青臺、楊家白等處，屯軍二千名，屯田一千三十七頃八十二畝。元成宗大德元年（1297），發眞定軍人三百名，於武清縣崔黃口增置屯田。此外，大司農司所轄的營田提舉司設在武清縣，屯田三千五百二頃九十三畝，其中軍戶二百五十三〔註131〕。元武宗時，直沽海口即有軍隊開始屯種，元武宗至

〔註129〕李邦華：《文水李忠肅先生集》卷三《撫津茶言·踏勘海防乞敕修明事宜疏》，第 106～107 頁。

〔註130〕李邦華：《文水李忠肅先生集》卷三《撫津茶言·踏勘海防乞敕修明事宜疏》，第 107 頁。

〔註131〕宋濂：《元史》卷一○○《兵三·屯田》，第 2559～2562 頁。

大二年四月癸亥，「摘漢軍五千，給田十萬頃，於直沽沿海口屯種，又益以康里軍二千，立鎮守海口屯儲親軍都指揮使司。」〔註132〕次年四月庚戌，「以鈔九千一百五十八錠有奇市耕牛、農具，給直沽酸棗林屯田軍。」〔註133〕

　　洪武開國之初，隨著北伐戰爭的勝利，明政府在北部地方的屯田即大規模展開。根據《明太祖實錄》記載，洪武四年六月，徐達「以沙漠遺民三萬二千八百六十戶屯田北平府管內之地，凡置屯二百五十四，開田一千三百四十三頃：大興縣四十九屯，五千七百四十五戶；宛平縣四十一屯，六千一百六十六戶；良鄉縣二十三屯，二千八百八十一戶；固安縣三十七屯，四千八百五十一戶，通州八屯，九百一十六戶；三河縣二十六屯，二千八百三十一戶；漷州九屯，一千一百五十五戶；武清縣一十五屯，二千三十一戶；薊州一十屯，一千九十三戶；昌平縣三十六屯，三千八百一十一戶；順義縣一十屯，一千三百七十戶」〔註134〕。其中的武清縣和薊州位於今天津境內，這揭開了明代天津地區屯田的序幕。

　　衛所是明代前期軍隊的基本編制，明代天津地區共有薊州衛、鎮朔衛、營州右屯衛、武清衛、天津衛、天津左衛、天津右衛和梁城守禦千戶所等衛所，這些衛所都承擔著軍事屯田的任務。根據《明太宗實錄》卷三六的記載，永樂二年十一月，「設天津衛。上以直沽海運商舶往來之衝，宜設軍衛，且海口田土膏腴，命調緣海諸衛軍士屯守」〔註135〕。這條史料不僅明確記錄了天津衛的設立時間，而且顯示出從設立之初屯田就是天津衛一項重要的任務。

　　各種史書記載了明代天津地區屯田的分布狀況。根據《新校天津衛志》的記載，「（天津衛）三所原轄調衛分，分派民間空閒地土立屯，與民相參居住三百餘里。中所屯堡坐落興濟縣范橋社，滄州忠孝、慈惠、將相三鄉，靜海縣北長亭、子牙里，青縣流河裏。左所屯堡興濟縣范橋社、范家莊、張家莊，滄州贊善、孝友二鄉，青縣運坊里、夾河堤，靜海縣邢家莊。右所屯堡坐落南皮縣煙村里、蓮花池、火頭村、半壁店、閻澇窪、大良店、玉皇堂、王四集、馬名店、五馬營、三家店，滄州慈惠鄉」〔註136〕。清代雍正三年（1725），

〔註132〕宋濂：《元史》卷二三《武宗本紀》，第511頁。
〔註133〕宋濂：《元史》卷二三《武宗本紀》，第534頁。
〔註134〕《明太祖實錄》卷六六，洪武四年六月戊申，第1246～1247頁。
〔註135〕《明太宗實錄》卷三六，永樂二年十一月己未，第628頁。
〔註136〕薛柱斗、高必大：《新校天津衛志》卷二《賦役》，第80頁。

大理寺卿兼管長蘆鹽政莽鵠立在《請正疆域疏》中言：「臣查天津一衛始於前明，散軍屯田，分布各州、各縣，自天津直至山東德州衛交界四百餘里，津衛屯田皆與民莊錯雜，因設守備治之。」〔註137〕由上述兩條史料，我們可以知道清初天津衛的屯田分布於河間府的興濟、靜海、青縣、滄州、南皮等數百里地方內，且與民田錯雜在一起。由於順治九年六月裁天津左衛、天津右衛，併入天津衛〔註138〕，所以以上有關清代天津衛屯田的記載反映了明代天津衛、天津左衛、天津右衛的屯田狀況。關於明代武清縣、寶坻縣內的軍衛屯田，嘉靖《通州志略》有如下記載，「通州左衛屯地三處，坐落武清縣河東筐兒港等處地方，營房坐落通州高麗莊地方。通州右衛屯地八處……後所二處，一處武清縣沙河屯，一處香河縣新莊屯。定邊衛屯地，左右二所坐落香河縣地方，中所武清縣地方，前所寶坻縣地方，後所武清縣地方。」〔註139〕此外，武清縣還有武清衛的屯田，寶坻縣有梁城守禦千戶所的屯田，薊州有薊州衛、鎮朔衛和營州右屯衛的屯地。從上述軍屯的分布，我們可以看出明代衛所駐地與屯地之間往往相去甚遠，同一衛所的屯地散佈各處，不僅不同衛所的屯地相互交錯，而且軍屯與民田雜處一區，這是明代「相維相制」軍事思想的典型體現，它給屯地、屯丁的管理帶來很大的困難。

二、明代天津地區軍事屯田的發展

明代洪武初年的軍事屯田，《明史》有如下記載：「邊地三分守城，七分屯種；內地二分守城，八分屯種。每軍受田五十畝為一分，給耕牛、農具，教樹植，復租賦。」〔註140〕事實上，軍士的屯、守比例因時因地多有變化，並非完全是七、三或者二、八分成，五十畝的田額也非絕對，由於各地條件不同，軍士屯種的地畝也有差別。上述《明史》記載中軍屯免除租賦的規定也沒未普遍施行，洪武二十年時，「令屯軍種五百畝者，歲納糧五十石」〔註141〕，相當於屯田每畝徵糧 1 斗。到朱棣即位後，軍屯的屯守比例和屯田科則均有變化，永樂二年再次確定衛所軍士的屯守比例，「視其地之夷險要僻，以量人之屯守

〔註137〕黃掌綸：《長蘆鹽法志》卷一五《奏疏上》，北京：科學出版社，2009 年，第 307 頁。

〔註138〕《清世祖實錄》卷六五，順治九年六月丁未，第 510 頁。

〔註139〕汪有執、楊行中纂修，劉宗永校點：（嘉靖）《通州志略》卷八《兵防志·屯營》，第 156～157 頁。

〔註140〕張廷玉：《明史》卷七七《田制》，第 1884 頁。

〔註141〕申時行：（萬曆）《明會典》卷一八《戶部五·屯田》，第 121 頁。

為多寡，臨邊而險要者則守多於屯，在內而夷僻者則屯多於守，地雖險要而運輸難至者，屯亦多於守」〔註142〕。屯田科則方面，建文四年朱棣即位不久即規定，「每軍田一分，正糧十二石，收貯屯倉，聽本軍支用，餘糧十二石給本衛官軍俸糧」。由於正糧上繳之後，仍返還給屯軍，所以按照這個標準每畝屯田要徵收餘糧 2 斗 4 升，與洪武二十年每畝屯田徵糧 1 斗相比，屯軍的負擔大大增加。由於這樣的徵收標準實在過高，永樂二十年，令屯田「餘糧免其一半，止納六石」，一分屯田納餘糧六石，與此前相比，屯軍的負擔減輕一半。宣德十年，重新規定屯軍士正糧十二石給軍士自用，不必盤量，止徵餘糧六石，於附近軍衛有司官倉交納。正統二年，朝廷再次規定正糧免上倉，止徵餘糧六石，軍屯科則至是始定〔註143〕。

在屯田管理方面，永樂九年十月，增置薊州、涿州、通州、霸州、灤州、景州、滄州等處同知通判各一員，專理屯田之務〔註144〕。成化六年七月，朝廷命戶部郎中李寬提督永平、山海、薊州等處糧儲兼理屯糧〔註145〕。萬曆二十五年十二月，由天津巡撫萬世德奏請，鑄給天津專管軍儲同知及專管造作屯田通判各關防〔註146〕。

由於明代二百餘年內生產力水準、生產關係、軍事形勢、屯田政策、自然災害等因素的變化，所以明代天津地區屯田的地畝數量當處於動態變化之中，而不是不變的定額。由於史書記載的材料有限，我們只能考查出明代某些特定時期內天津的屯田數量，以對明代天津屯田狀況進行研究。根據《明世宗實錄》的記載，天津三衛原有屯田 1000 餘頃〔註147〕。明代天津地區其他衛所的屯田數量在史書中也有記載。康熙《薊州志》中對薊州衛、鎮朔衛和營州右屯衛的屯田數量有如下記載：「三衛屯地原額共一千七百八十八頃一十二畝六釐二毫，額徵屯糧米、豆一萬一千三百九十一石五斗三合九抄四撮，其地圈盡無存。內薊州衛屯地三百八十四頃二畝二分八釐四毫，米、豆二千四百一十石八斗九升二抄四撮。鎮朔衛屯地一千二十四頃二畝五分，米、豆六千九百九十六石九斗六升八勺。營州右屯衛屯地三百八十頃七畝二分七釐

〔註142〕《明太宗實錄》卷三○，永樂二年四月甲午，第 552 頁。
〔註143〕申時行：（萬曆）《明會典》卷一八《戶部五・屯田》，第 121 頁。
〔註144〕《明太宗實錄》卷一二○，永樂九年十月乙巳，第 1517 頁。
〔註145〕《明憲宗實錄》卷八一，成化六年七月乙未，第 1585～1586 頁。
〔註146〕《明神宗實錄》卷三一七，萬曆二十五年十二月辛未，第 5906 頁。
〔註147〕《明世宗實錄》卷四三，嘉靖三年九月癸亥，第 1109 頁。

八毫，米、豆一千九百八十三石六斗五升二合二勺八抄。」〔註148〕根據嘉靖《通州志略》的記載，武清衛原額屯糧1905石5斗2升8合1勺〔註149〕。查閱乾隆《寧河縣志》，我們可以知道梁城守禦千戶所原額屯地、新增貼軍共地123頃5畝，每畝0.15兩起科，共徵銀184.575兩〔註150〕。

　　明代前期，國力強盛，軍政也基本能有效運轉，這一時期天津地區的屯田獲得了較好發展。宣德四年五月，行在兵科給事中戴並奏言：「自山海至薊州守關軍萬人，列營二十二所，操練之外無他差遣，若稍屯種，亦可實邊。請取勘各營附近荒田，斟酌分給，且屯且守，實為兩便。」明宣宗採納了這個建議，命行在戶部、兵部遣官與都督陳景先共同經理〔註151〕。按照戴並的建議，萬餘名軍士參加屯種，其規模應相當可觀。《明世宗實錄》的記載中，天津三衛原有屯田1000餘頃，至弘治時期增加五倍〔註152〕，這些都反映出天津地區的屯政在這一時期有了很大發展。這在明人詩文中也有體現，弘治時期任禮部尚書的丘濬在《舟次直沽簡彭彥實同寅》詩中對天津地區的屯田有如下描述：「潞河澄澈衛河渾，二水交流下海門。直北回看龍闕廻，極東遙望蜃樓昏。孤城近水舟多泊，列戍分耕野盡屯。我有好懷無處寫，欲沽樽酒對君論。」〔註153〕王洪的《直沽城》一詩中，也有「市集諸番舶，軍屯列陣田。風高悲鼓角，霧重失旌旆」〔註154〕的描述。屯田的增加、屯政的發展，對增加軍需供應、保證軍隊穩定、增強戰鬥力、促進天津地區農業發展都具有重要的意義。

三、明代天津地區軍事屯田的廢壞

　　雖然明代前期天津地區的屯田有很大發展，然而由於明代軍政體制的制度性缺陷和軍事形勢的變化，與全國其他各地的屯田一樣，天津地區的屯田也存在種種問題。如永樂十四年九月，北京行太僕寺卿楊砥建言，「薊州以東

〔註148〕張朝琮、鄔棠：（康熙）《薊州志》卷三《賦役志》，第26頁。

〔註149〕汪有執、楊行中纂修，劉宗永校點：（嘉靖）《通州志略》卷四《貢賦志·田稅》，第57頁。

〔註150〕關廷牧、徐以觀：（乾隆）《寧河縣志》卷五《賦役志·田賦》，第6頁。

〔註151〕《明宣宗實錄》卷五四，宣德四年五月丙辰，第1293頁。

〔註152〕《明世宗實錄》卷四三，嘉靖三年九月癸亥，第1109頁。

〔註153〕薛柱斗、高必大：《新校天津衛志》卷四《藝文》，第207頁。

〔註154〕張志奇、朱奎揚：（乾隆）《天津縣志》卷二二《藝文志·過直沽城》，《天津通志》（舊志點校本中），天津：南開大學出版社，1999年，第237頁。

至山海諸衛土地寬廣，水草豐美，其屯糧軍士亦宜人養種馬一匹，歲子粒亦免其半。」朱棣採納了這個建議〔註155〕。屯軍在屯田之外，還要飼養馬匹，其負擔必然加重。又如永樂時梁城守禦千戶所的屯田可供本所官軍支用，至正統時期由於屯軍被徵往京師操備，無暇耕種屯地，所以經梁城守禦千戶所鎮撫黎得覽奏請，赴京操備的軍士如例發給行糧，在所之軍士也每人每月給米三斗〔註156〕。再如，弘治十年五月，經巡撫都御史屠勳奏請，薊州沿途東、西關營貼守舍人、軍餘3700餘人得以歸原衛屯種〔註157〕。各種事務性的差役必然使屯軍脫離屯地，無法進行正常的生產，這不僅造成屯地荒蕪，而且為豪強勢要侵佔屯地提供了便利。

明實錄中有多處關於天津屯田被豪強勢要侵佔的記載，根據《明宣宗實錄》卷六三的記載，天津右衛指揮呂昇阿附武定侯郭玹，奪官軍屯田1090餘畝投獻於郭玹，軍民失業，嗷嗷怨嗟。巡按直隸監察御史白圭劾奏郭玹等所為非法，請治其罪。明宣宗對武定侯郭玹宥而不問，對天津右衛指揮呂昇則執而治之〔註158〕。正統十三年正月，明英宗在給通政司右參議鄒來學的敕書中有言：「曩聞薊州林南等倉、山海等衛所、永平府等州縣、喜峰等關口，收支糧草作弊，侵欺者多，屯田亦被豪勢侵佔欺隱，有名無實。」〔註159〕成化十九年，錦衣衛千戶姚福員奏乞霸州武清縣空閒田地，事下戶部，委官勘報，俱係撥賜公主及軍民屯地。由於姚福員是安妃姚氏之兄，所以明憲宗對姚福員釋而不問〔註160〕。成化二十一年，錦衣衛帶俸指揮同知萬祥奏討武清縣地41頃50畝，屯軍以耕種歲久，與萬祥家人發生衝突，下巡按御史勘實，屯軍被治以罪，遂以其地賜予萬祥〔註161〕。弘治十七年十一月，賜仁和長公主武清縣利上屯地294頃〔註162〕。

各種自然災害，特別是水災頻發，也使明代天津地區屯田的發展遭受一定的破壞。明代是天津地區自然災害多發時期，僅明實錄中所載明確對天津地區軍屯有影響的自然災害即有近20次，分別為永樂十年、宣德七年、正統

〔註155〕《明太宗實錄》卷一八〇，永樂十四年九月己亥，第1957頁。

〔註156〕《明英宗實錄》卷七四，正統五年十二月戊子，第1441頁。

〔註157〕《明孝宗實錄》卷一二五，弘治十年五月己未，第2231頁。

〔註158〕《明宣宗實錄》卷六三，宣德五年二月己卯，第1479頁。

〔註159〕《明英宗實錄》卷一六二，正統十三年正月庚子，第3145頁。

〔註160〕《明憲宗實錄》卷二三八，成化十九年三月甲寅，第4042～4043頁。

〔註161〕《明憲宗實錄》卷二六九，成化二十一年八月己丑，第4545頁。

〔註162〕《明孝宗實錄》卷二一八，弘治十七年十一月丙申，第4105頁。

四年、成化六年、成化九年、成化十三年、成化十六年、成化十七年、成化十九年、成化二十一年、弘治元年、弘治十三年、嘉靖十一年、嘉靖十八年、嘉靖二十一年、嘉靖二十五年、隆慶三年。事實上，明代天津地區屯田的受災次數遠不止這些。明代天津地區水災、旱災最爲頻發，而水災之後常常伴隨瘟疫，旱災之後往往接連蝗災，在這種災害頻發的大環境中，明代天津地區的屯田和屯軍必然深受其害。如天啓元年，天津三衛屯地所在的河間府受災，天津衛屯軍宋周等上告其事，根據畢自嚴的記述，「周等五所坐落興濟等州縣，地土潽鹵，災沴頻仍，已經八年不收，軍屯十室九空，流離荒蕪殆盡，節年各軍鬻妻賣子，累至銷骨」〔註163〕。天啓二年，河間府再次遭遇水災，淹沒軍田，天津衛「各百戶屯累年災沴，逃亡荒蕪殆盡。自五月二十七日起至七月十三日，高下被水淹沒，並無顆粒，軍夫逃走，十室九空」〔註164〕。

　　明代天津及周邊地區的戰事也使天津地區的屯田不可避免地受到破壞。明代前期國力強盛，國內基本太平，除明初鼎革之際的戰事和建文時期「靖難」之變外，明代前期天津地區無重大戰事。進入中期以後，明代國力已不如前，外患、內亂叢生，天津及周邊地區的戰事也時有發生，其中較大的戰事有土木之變及隨後的京師保衛戰、劉六和劉七起義、與蒙古和滿洲的長期戰爭、抗倭援朝戰爭、明末農民起義等，其他小規模的戰事如匪亂、暴動則更多，如嘉靖時期張鎭、張朝用等人在天津周圍地區傳播白蓮教，聚集信徒萬餘人，天津兵備副使黃中發兵掩捕，張鎭、張朝用被誅，捕獲脅從十餘人，餘黨皆散〔註165〕。發生在天津及周邊地區的戰事，不可避免地會使屯田的正常生產受到影響，一方面戰爭之中屯軍會被徵調參加作戰，屯地的勞動力會銳減；另一方面戰爭打破了正常的社會秩序，屯堡破壞，屯地荒蕪，隱占、侵吞屯地在所難免。正德四年七月，由於各地匪亂叢生，屯田受到嚴重破壞，朝廷命監察御史柳尚義、寧杲、薛鳳鳴、潘銳往各地專理屯田，其中柳尚義巡歷順天、保定等府，駐於天津，整理京畿地區的屯田〔註166〕。嘉靖四十一年十月乙卯，戶部覆給事中趙灼及御史潘清宣等議處賦役五事，其中之一爲「近邊永平、豐潤、玉田、遵化、薊州、密雲等州縣頻年被虜，屯田、民地間多閒曠，宜酌量分撥各區，聽自行耕牧以備軍資，三年成熟，照今屯糧事

〔註163〕畢自嚴：《撫津疏草》卷二《瀛海災傷請蠲新餉疏》，明天啓年間刻本。
〔註164〕畢自嚴：《督餉疏草》卷一《異常霖雨淹損官糧疏》，明天啓年間刻本。
〔註165〕《明世宗實錄》卷五四七，嘉靖四十四年六月乙亥，第8829～8830頁。
〔註166〕《明武宗實錄》卷五二，正德四年七月壬寅，第1189頁。

例每畝徵銀三分，輸部備邊」，得旨允行〔註167〕。

隆慶二年二月，大理寺右寺丞龐尙鵬升任右僉都御史，受命總理兩淮、長蘆、山東三鹽運司，兼理江北、山東、薊遼、保定、河南等處鹽屯〔註168〕，薊州衛、鎭朔衛、營州右屯衛的屯田即在龐尙鵬整理範圍之內。根據龐尙鵬的實地考察，導致屯地隱沒難稽的原因多種多樣，「有軍逃而爲衛官所隱占者，有私相典賣而埋沒者，有勢豪利其膏腴而威逼抵換者，有因其鄰近而侵漁兼併者，有承佃年久攘爲世業者，有指稱隙地投獻權門者」〔註169〕。龐尙鵬所說的這些屯政弊寶具有相當的普遍性，天津地區的屯田也存在此類問題。嘉靖《通州志略》記載了武清縣內買賣屯地的情況，「承平日久，軍政漸弛，屯種之田，轉相鬻賣」〔註170〕。梁城守禦千戶所原有屯田百分，每分歲納屯糧二兩七錢，萬曆時期由於屯軍逃亡，屯地大量荒蕪，後寶坻知縣袁黃清理出百分屯田給予軍士耕作〔註171〕。明代衛所屯地與民田交錯分布，如天津三衛的屯地分布於三四百里的範圍內，屯地與軍衛駐地相去甚遠，不僅會造成屯軍逃亡而軍衛難以稽查，而且給軍民之間相互典賣、隱占土地提供了便利，這是明代屯政廢壞的重要原因。

由於天津地區屯務的廢弛，從明代中期開始，朝廷多次派出要職整飭屯務。正統十三年正月，通政司右參議鄒來學奉敕整頓薊州等地屯務〔註172〕。弘治八年十一月，由於各處屯田積弊已久，明孝宗命各管屯官從實清查〔註173〕。正德四年七月，命監察御史柳尙義巡歷順天、保定等府，駐於天津，專理屯田事務〔註174〕。正德四年十二月，敕尙寶司卿吳世忠往薊州等處清理屯田〔註175〕。正德五年正月，兵科給事中高洊奉旨丈量滄州、鹽山、海豐、靜海等縣草場、屯地〔註176〕。正德五年三月，尙寶司卿吳世忠清查薊州等處

〔註167〕《明世宗實錄》卷五一四，嘉靖四十一年十月乙卯，第8436頁。
〔註168〕《明穆宗實錄》卷一七，隆慶二年二月癸卯，第487頁。
〔註169〕《明穆宗實錄》卷二八，隆慶三年二月癸未，第760～761頁。
〔註170〕汪有執、楊行中纂修，劉宗永校點：(嘉靖)《通州志略》卷八《兵防志·屯營》，第157頁。
〔註171〕劉邦謨、王好善：《寶坻政書》卷一二《感應篇》，第456頁。
〔註172〕《明英宗實錄》卷一六二，正統十三年正月庚子，第3145頁。
〔註173〕《明孝宗實錄》卷一○六，弘治八年十一月乙酉，第1936頁。
〔註174〕《明武宗實錄》卷五二，正德四年七月壬寅，第1189頁。
〔註175〕《明武宗實錄》卷五八，正德四年十二月庚子，第1289頁。
〔註176〕《明武宗實錄》卷五九，正德五年春正月丙戌，第1318頁。

屯田〔註177〕。隆慶二年二月，大理寺右寺丞龐尚鵬升任右僉都御史，受命總理兩淮、長蘆、山東三鹽運司，兼理江北、山東、薊遼、保定、河南等處鹽屯〔註178〕。經過多次整頓，一些被隱占的屯田被清查出來，天津三衛的屯田數量也有了比較準確的記載。前述《明世宗實錄》的記載中，天津三衛原有屯田1000餘頃，至弘治時期增加五倍〔註179〕。而嘉靖《河間府志》中天津三衛的屯田數量卻與之相差甚遠，其中天津衛屯地391頃57畝，天津左衛屯地326頃66畝，天津右衛屯地173頃4畝〔註180〕，天津三衛的屯田合計891頃27畝，已不及《明世宗實錄》中所言1000餘頃的舊額，與弘治時期屯田增加五倍相比更是相差甚遠，這反映了天津地區屯政的廢弛。萬曆六年，在張居正主持下，明朝對全國各類土地進行清丈。通過這次清丈，天津衛的屯地為1053頃35畝有餘，天津左衛的屯地為600頃65畝有餘，天津右衛的屯地為639頃51畝有餘〔註181〕，由於這次清丈土地存在改用小弓丈量以求增多田畝數量的弊端，所以這次清丈的資料不夠準確，然而畢竟清丈出一定數量隱占的屯地，這是應當肯定的。經過多次整頓，一些被隱占的屯田被清查出來，然而由於整個體制的弊端，所以儘管朝廷多次對屯政進行整頓，然而並不能挽救屯政的廢壞。

四、明末天津地區軍事屯田的勃興

援朝禦倭戰爭期間，軍需供應一時激增，袁黃認為由民間承擔增兵之餉，將為地方無窮之害，只有興舉屯田才是經久之計。根據袁黃的建議，以天津三衛和梁城所的軍士來防守海上，不用增加糧餉，再將嘉靖三十八年調戍石塘嶺的梁城所餘丁發回本所，這些餘丁回本所後不用支給糧餉，而其在石塘嶺所支糧餉則可另募新兵，可謂一舉兩得。對於梁城所軍士的生計，袁黃則計劃廣開地利，沿海寸草不生之地皆為鹵地，可以曬鹽，百草生長之地則可以耕種，袁黃建議對梁城所軍士計口授田，貸以工食，忙則耕耘，閒則煎曬，多開溝渠，廣植五穀，這樣就可以養軍士而省國帑，實為無窮之利〔註182〕。

〔註177〕《明武宗實錄》卷六一，正德五年三月丁丑，第1345頁。
〔註178〕《明穆宗實錄》卷一七，隆慶二年二月癸卯，第487頁。
〔註179〕《明世宗實錄》卷四三，嘉靖三年九月癸亥，第1109頁。
〔註180〕郜相、樊深：（嘉靖）《河間府志》卷八《財賦志》，第20～21頁。
〔註181〕杜應芳、陳士彥：（萬曆）《河間府志》卷五《財賦志·屯田》，第45～46頁。
〔註182〕劉邦謨、王好善：《寶坻政書》卷一〇《防倭二議》，第404～405頁。

　　萬曆二十一年五月葛沽兵營竣工後，余繼登在《新建天津葛沽鎮兵營記》中即建議大舉屯務，「擇海濱閒曠之地，畫為屯田以為之業，使彼時而耕耨，時而畋漁，時而肄習，彼能自給，庶不煩餉於官，官不給餉，庶幾常得其用，始為募兵，漸為土著，故曰可以為久遠之計」〔註183〕。至萬曆二十三年八月，吏科給事中戴士衡以海防營附近地方泥膠水淡，可樹嘉禾，奏請量留天津新設水、陸兵，令其開屯自食，每人約50畝，濬古渠以盛水勢，開小渠以通支流，建水閘以備畜洩，分區聯伍，暫藉以牛種、農具，擇賢能府佐或運同一員司其出納，擇幹用千、把總數人分其事任，更選熟知屯務、兵機之將總領屯政，而兼訓練，一年而餉可住支，三年而田可盡闢〔註184〕。

　　可惜的是，由於當時兵連禍結，官無餘餉，民無餘力，以致因循日久，戴士衡的建議並未取得實際成效。至萬曆二十五年，天津巡撫萬世德建言，天津濱海荒蕪地土可屯種者，宜設法召集開墾。工部都水司主事沈朝煥也說，天津地方南連靜海，東距直沽，盡屬膏腴棄地，可聽民開墾。戶部認為萬世德、沈朝煥二人的建議為兵、農兩利之策，奏請「移諮天津海防巡撫都御史督行各該兵備道，即將各哨上環海荒田地，南自靜海，北至直沽、永平等處，並諭遠近軍、民人等各自備工本，盡力開種，官給印照，世為己業。成熟三年之後方許收稅，酌量本地所獲花利，每畝上地納穀一斗，中地六升，下地三升，另項收貯，專備海防餉費，此外不許別項科擾」，明神宗同意了萬世德、沈朝煥的主張〔註185〕，天津地區的屯田得以發展，於海防之費不無裨益。為管理屯田，由天津巡撫萬世德奏請，這時天津還設立了專管造作、屯田通判一職〔註186〕。

　　發展屯田，不僅對供應軍餉大有裨益，更可以穩定士卒，固其心志，正如余繼登所言，「誠令屯營之卒各有恆業，以漸廣其居室，畜其妻子，聯為什伍，結為婚姻，常則相親，變則相恤。即一旦倭至，將家與為敵，人自為戰，非徒以德上也，將以完室家而全其親戚也，此其與烏合之眾談敵而心怯、望敵而色戰者，功相萬矣」〔註187〕。

〔註183〕陳子龍：《明經世文編》卷四三七，余繼登《新建天津葛沽鎮兵營記》，第4784頁。
〔註184〕《明神宗實錄》卷二八八，萬曆二十三年八月癸亥，第5340〜5341頁。
〔註185〕《明神宗實錄》卷三一七，萬曆二十五年十二月丁巳朔，第5903頁。
〔註186〕《明神宗實錄》卷三一七，萬曆二十五年十二月辛未，第5906頁。
〔註187〕陳子龍：《明經世文編》卷四三七，余繼登《新建天津葛沽鎮兵營記》，第4784頁。

　　汪應蛟繼任天津巡撫後，在天津開始更大規模的屯田，當時天津存在大片荒地，「天津環海荒地，南自靜海，東至直治等處，彌望無際」，經過實地調查，汪應蛟得知當地民眾認為這些土地「從來斥鹵不堪耕種，間有近河滋潤，稍藝蜀豆者，每畝收不過一、二斗」，所以導致土地大量荒蕪。汪應蛟則認為這些土地「無水則鹻，得水則潤，若以閩浙瀕海治地之法行之，穿渠灌水，未必不可為稻田」。至萬曆二十九年春，汪應蛟開始在葛沽、白塘進行試點，共開墾土地5000餘畝，其中2000餘畝種植水稻，3000餘畝種植蜀豆、旱稻。當年這些地畝的收成情況相當可觀，糞多、力勤的地畝水稻畝產量為四、五石，蜀豆得水灌溉、糞多者也畝收一、二石，只有旱稻因田地斥鹵而沒有收成〔註188〕。

　　這次屯田試驗的成功，鼓舞了汪應蛟展開大規模屯田的信心。根據汪應蛟的規劃，當時天津有海防水、陸兩營兵卒4000人，再加上天津赴邊防守的左、右兩班營軍士6000人，合計10000人，每人墾種5畝，每畝收稻米一石五斗。此外，軍、兵「父兄子弟願領種餘田者，聽。各營中軍總哨及天津三衛官舍有率其子弟僮僕願領種者，聽。總之多不許過二頃，數年之後荒地漸闢，各軍、兵且屯且練，民間可省養兵之費，重地永資保障之安」。經兵部覆議，春季「正塞上櫜弓臥皷之時，而田間深耕熟耨之際」，因此將春班官軍留於天津屯種，「乘一時之閑暇，供三春之耕作，省三月之往返，裕一歲之蓄餘，此於積貯大有所益」。而秋防則軍情嚴峻，秋班官軍仍於薊鎮松棚路防守，由3000名春班官軍與水、陸二營4000名官兵協力屯種〔註189〕。萬曆三十年，經過7000名軍、兵的勞動，天津屯田擴大到164頃30畝，收穫稻糧近6萬石〔註190〕。

　　在汪應蛟的主持下，天津屯田擴展到賀家圍、何家圈、吳家嘴、雙港、白塘口、辛家圍、葛沽、盤沽、東泥沽、西泥沽等地〔註191〕，這些屯地分別以「求、人、誠、足、愚、食、力、古、所、貴」十字來命名，這就是著名的「十字圍」〔註192〕。同治《續天津縣志》收錄有《十字圍》七古一首，這首詩描寫了當時屯田的情況，歌頌了汪應蛟的歷史功績，其詩內容如下：

〔註188〕汪應蛟：《撫畿奏疏》卷八《海濱屯田試有成效疏》，第504～505頁。

〔註189〕汪應蛟：《撫畿奏疏》卷八《海濱屯田試有成效疏》，第506～509頁。

〔註190〕趙世卿：《司農奏議》卷一〇《覆敘天津墾田功次疏》，《續修四庫全書》第480冊，上海：上海古籍出版社，2002年，第347頁。

〔註191〕沈家本、徐宗亮：（光緒）《重修天津府志》卷二八《經政二‧屯田》，第1054頁。

〔註192〕趙鑒：《天津衛屯墾條款》，《北京圖書館古籍珍本叢刊》第47冊，北京：書目文獻出版社，1987年，第868～870頁。

天津城南地卑污，雜樹不植百草枯。每逢霪雨聚行潦，汪洋巨浸成江湖。

人謂近海地廣斥，荒穢不治誠堪惜。忽來大令展經猷，欲效浙閩事開闢。

無水則城有則潤，穿渠引水吾弗吝。編作十字分十圍，禹稷之功一人任。

復修五閘司啓閉，從此津門知水利。平疇方罫滿郭南，頓使磽區成腴地。

無游民，無曠土，歲取菽粟不可數。詎知宣洩不依時，閘廢堤荒仍斥鹵。

試看蒼茫郭外盡荒郊，荊棘縱橫豺狼嗥。安能誰嗣興民謠，殖我田疇仰鄭僑〔註193〕。

萬曆三十年，汪應蛟升任工部右侍郎〔註194〕，之後天津屯田沒有按照汪應蛟的設想堅持下去。然而汪應蛟在天津進行的屯田實踐具有深遠的歷史影響，他的屯田實踐為後來者提供了借鑒。天啓二年四月，太常寺少卿董應舉升任太僕寺卿兼河南道監察御史，管理天津至山海關等處屯田〔註195〕。天啓三年，屯田取得了較好的收成，為更好地開展屯田，董應舉請求將葛沽營2000名兵卒歸其管轄，「春耕可借濬築之役，秋收可資搬運之功，洪水暴漲更可藉其護堤之力，所收麥米可抵月糧，萬石之麥人給二三百，數日可了，不徒久頓於曬場，一年所收可抵全餉，不待仰給於度支，未必無小補也，其屯官功罪即以所領錢糧、所收子粒多寡為據」〔註196〕。

關於葛沽營兵丁參加屯田的情況，《明熹宗實錄》有如下記載，「天津設有海防營水兵一千五百名、陸兵一千名，始於東南倭寇時，所重專在海，防倭氛既息，兵有餘閒，驅之屯田，人給四畝，以餘力屯種，無妨操汛。天啓四年，屯撫董應舉見各兵久處恬熙，不操不汛，遂令陸兵比舊人增屯二畝，而扣其餉三千六百金為關內運價，次年覆議水兵盡歸之屯」〔註197〕。畢自嚴在《更制天

〔註193〕吳慧元、俞樾：(同治)《續天津縣志》卷一九《藝文四・七古・十字圍》，《天津通志》(舊志點校本中)，天津：南開大學出版社，1999年，462頁。
〔註194〕《明神宗實錄》卷三六九，萬曆三十年閏二月辛亥，第6914頁。
〔註195〕《明熹宗實錄》卷二一，天啓二年四月甲申，第1071頁。
〔註196〕《明熹宗實錄》卷三六，天啓三年七月癸卯，第1857～1858頁。
〔註197〕《明熹宗實錄》卷七四，天啓六年七月壬辰，第3605～3606頁。

津葛沽兵馬疏》中說，「葛沽在天津下游，為水陸要衝，舊設營兵二千名，分駐海防以資捍衛，責綦重也。前撫臣汪應蛟議置屯田，每兵一名授田四畝，歲輸稻穀八石，積貯在營，以為行糧、船械等費，不過以操兼屯，寓兵於農，實為妥便」〔註198〕。根據上述記載，我們知道汪應蛟在進行屯田時，葛沽營兵丁已開始參加屯田，當時每人授田四畝，至董應舉時，陸兵每人增加屯地二畝。

對於董應舉的建議，天津巡撫李邦華上疏力爭，認為「開屯本以濟餉，因屯恐致廢兵」，根據李邦華所言，雖承平之日，不能忘武備，若如董應舉所言，將葛沽營 2000 兵丁春借濬築，秋資搬運，水漲藉護堤，如此兵丁終歲勤劬，何暇操戈執殳？因此，李邦華請求仍將葛沽營兵卒留津以資防禦。兵部覆議後，董應舉的建議被採納，葛沽營 2000 兵丁被徵調參加屯田，以所入充歲餉，屯得益興〔註199〕。

除李邦華外，畢自嚴也對葛沽營兵丁被徵調參加屯田存在異議，他認為當時「奴氛日競，渝關剝膚，視昔倭患不啻倍蓰，舊兵不足則議招募，舊餉不足則議加派。時勢蓋岌岌矣，獨此海防營兵株守舊日屯田之議，該營兵餉每歲用銀四萬五千餘兩，而稻穀所收不過四千八百兩，才十之一耳」。由於各兵參加屯田，導致操練盡廢，舟楫、旗幟、器械之類半化為烏有。畢自嚴進而指出，「疆圉多事，封疆之臣方議召募，議加派，而此厚餉所養之士止令每歲屯田四畝，以操則什且廢九，以屯則入不當出，孰多孰寡，孰得孰失，奚待智者而後辯耶？」〔註200〕經兵部覆議後，將葛沽兵移歸屯臣，春作力田仍令津撫兼統，遇敵聽調〔註201〕。這一時期，由於各部門只關心自身利益，所以天津軍事屯田並無太大發展。

葛沽營屯、操之爭，從天啟時期一直持續到崇禎時期，天啟六年六月，天津巡撫黃運泰建議將葛沽營「水、陸兵二千名照舊各給田四畝，每名歲扣餉銀二兩四錢，均當攤派，湊足三千六百兩之數，仍充運價，如是則寬其屯力，正可以責其操練，儼然藏一勝兵，祈敕部酌議，永著為令」〔註202〕。至七月，經戶、兵二部覆議後，明熹宗命即行撫、按永為遵守〔註203〕。至崇禎

〔註198〕畢自嚴：《度支奏議》新餉司卷八《更制天津葛沽兵馬疏》，第 559 頁。
〔註199〕《明熹宗實錄》卷四二，天啟三年十二月己丑，第 2170～2171 頁。
〔註200〕畢自嚴：《餉撫疏草》卷一《防兵盡改屯兵海滋單虛可慮疏》，第 48 頁。
〔註201〕《明熹宗實錄（梁本）》卷四〇，天啟四年三月丁卯，第 2303 頁。
〔註202〕《明熹宗實錄》卷七二，天啟六年六月甲午，第 3509～3510 頁。
〔註203〕《明熹宗實錄》卷七四，天啟六年七月壬辰，第 3605～3606 頁。

三年，天津巡撫崔爾進建議「將水、陸營兵每名照舊給田四畝，令其自爲屯種，每軍歲納稻穀八石，歲入稻穀一萬六千石，共該折銀四千八百兩，內以一千二百兩爲修造舡隻，置買器械、火藥、馬騾等用，令其武備修整，仍豁其一千二百兩以蘇兵力，俾籍以資操練，出汛哨瞭、防守，其餘二千四百兩抵作運價，從此屯無荒蕪之慮，兵無朽鈍之虞」。經戶部尚書畢自嚴覆奏後，崔爾進的建議被採納實施〔註204〕。

　　李繼貞任天津巡撫期間，軍情緊急，軍費大增，李繼貞認爲發展屯田對充實軍備大有裨益，兵部尚書楊嗣昌也認爲大興屯田爲裕國長策，而天津具備發展屯田的地利之便，於是楊嗣昌令李繼貞悉心勘察〔註205〕。經過深入調查，李繼貞提出經地、招佃、用水、任人、薄賦等五條措施，在天津大力發展屯田，白塘、葛沽數十里間田大熟〔註206〕，並調撥兵丁屯田 51000 頃，收入米糧數萬斛〔註207〕。

第四節　物資運輸

一、漕運

　　永樂十二年正月，朝廷命北京、山東、山西、河南、中都、直隸徐州等衛不分屯、守，各選軍士，以指揮、千百戶率領，都指揮總率，隨軍運糧〔註208〕。當時北直隸總設把總一員，統領德州衛、德州左衛、天津衛、天津左衛、天津右衛、通州左衛、通州右衛、神武中衛、定邊衛等九個軍衛，有正軍 1000 名、餘丁 764 名，其漕運任務爲專兌山東德州水次糧米，運赴京、通二倉上納〔註209〕。弘治十三年，將北直隸總所轄 1000 名正軍補入團營，764 名餘丁也放歸原衛，其漕運任務由江南直隸總、江北直隸總、遮洋總輪流代運。正德

〔註204〕畢自嚴：《度支奏議》新餉司卷八《更制天津葛沽兵馬疏》，第 560 頁。

〔註205〕楊嗣昌：《楊文弱先生集》卷三四《恭逢召問邊腹情形疏》，《續修四庫全書》第 1372 冊，上海：上海古籍出版社，2002 年，第 491 頁。

〔註206〕張廷玉：《明史》卷二四八《李繼貞傳》，第 6427 頁。

〔註207〕尤侗：《明史擬稿》卷三《李繼貞》，清康熙間刻本。

〔註208〕《明太宗實錄》卷一四七，永樂十二年正月庚子，第 1729 頁。

〔註209〕陳子龍：《明經世文編》卷一六九，馬卿《償運糧儲疏》，第 1736 頁；謝純：《漕運通志》卷八《漕例略》，《四庫全書存目叢書》史部第 275 冊，濟南：齊魯書社，1996 年，第 83 頁。

三年，經總督漕運都御史王瓊奏請，於北直隸總所領各衛中選補餘丁 1000 名，並撤回之前所放歸的 764 名餘丁，北直隸總重新繼續以前的漕運任務〔註210〕。

　　嘉靖三年，北直隸總裁革，其所領德州衛、德州左衛、天津衛、天津左衛、天津右衛、通州左衛、通州右衛、神武中衛、定邊衛等九個軍衛併入遮洋總，每年駕船前往小灘鎮領兌河南、山東二省糧米，復自小灘鎮運赴薊州倉上納〔註211〕。至嘉靖四十五年，遮洋總被裁革，德州衛、德州左衛、天津衛、天津左衛、天津右衛、通州左衛、通州右衛、神武中衛、定邊衛等九個軍衛又被併入山東總，每年將京糧催至白河，復督運至薊州〔註212〕。

　　《漕運通志》中記載有天津三衛運軍隸屬遮洋總時的漕運情況，茲根據《漕運通志》所載內容製成下表。

表 3-2　遮洋總中天津三衛漕運狀況一覽表

	千戶（員）	旗軍（名）	船隻（隻）	年運糧量（石）
天津衛	1	145	15	4558
天津左衛	1	121	12	3720
天津右衛	1	98	10	3013
合計	3	364	37	11191

注：上表根據謝純《漕運通志》卷四《漕卒表・遮洋總》製成。

　　上表是《漕運通志》所載嘉靖初年天津三衛隸屬於遮洋總時的漕運情況，根據上表可知，嘉靖初年天津三衛共有旗軍 364 人專司漕運，漕船 37 隻，平均每船有旗軍 9.84 人，每船平均年運糧為 302.50 石，平均每名旗軍每年運糧任務為 30.74 石。正德時期，天津兵備副使蔣曙也說，天津三衛有漕船 37 隻，其中天津衛 15 隻、天津左衛 12 隻、天津右衛 10 隻，每船運軍 10 名，每軍貼丁 1 名，三衛共用正貼軍餘 740 名〔註213〕。《漕運通志》中所載天津三衛運船數量，與蔣曙所言一致，《漕運通志》中所載天津三衛漕運旗軍為 364 人，蔣曙所言天津三衛漕運旗軍為 370 人，二者相差無幾，所不同的是蔣曙稱天

〔註210〕《明武宗實錄》卷三三，正德二年十二月甲戌，第 804～805 頁；陳子龍：《明經世文編》卷一七五，蔣曙《興革利弊疏天津事宜》，第 1780～1781 頁。

〔註211〕陳子龍：《明經世文編》卷一六九，馬卿《償運糧儲疏》，第 1736 頁；謝純：《漕運通志》卷八《漕例略》，第 108～109 頁。

〔註212〕《明穆宗實錄》卷一一，隆慶元年八月己丑，第 299～300 頁。

〔註213〕陳子龍：《明經世文編》卷一七五，蔣曙《興革利弊疏》，第 1780～1781 頁。

津三衛每名漕運旗軍有貼丁 1 名，共 370 人，與正軍共計 740 人，而《漕運通志》中並無貼丁的記載。孫承澤在《天府廣記》中記載，漕船「每一船十人，一人運正米三十七石」〔註214〕。這與《漕運通志》中天津三衛的統計資料記載基本吻合，也與蔣曙所稱每隻漕船有正軍 10 人完全相符。

　　永樂七年，淮安、臨清肇建清江、衛河二廠，「南京、直隸、江西、湖廣、浙江各總裏河淺船俱造於清江，遮洋海船並山東、北直隸三總淺船俱造於衛河，大約造於清江者視衛河多十之七」〔註215〕。嘉靖三年之前，天津三衛運軍隸屬北直隸總，根據上述記載，天津各衛漕船當於衛河船廠修造。至嘉靖三年，朝廷對漕船的修造進行調整，北直隸總漕船改於清江船廠修造〔註216〕。之後不久，北直隸總被裁革，天津三衛改屬遮洋總，衛河船廠也於嘉靖三年歸併清江船廠〔註217〕，天津三衛的漕船也改於清江船廠修造。在嘉靖四十五年遮洋總裁革之前，遮洋總已設置 11 個船廠，其中包括天津衛、天津左衛、天津右衛三廠，由德州衛廠官員兼管〔註218〕。天津三衛分別設置船廠後，即開始獨立修造船隻，嘉靖四十五年遮洋總被裁革，天津三衛改屬山東總，漕船仍由各衛船廠分別修造。

二、關運與鮮運

　　援朝禦倭戰爭期間，中國軍隊的軍餉除一部分由朝鮮供給外，大部分由中國自己解決。這時天津成為供給前方軍需的基地，天津運往前方的軍需一部分來自召買，其餘部分則主要來自截留漕糧。根據汪應蛟《倭氛未滅防禦宜周疏》所載，天津、永平每年運往朝鮮的米糧有 20 餘萬石，約用船 500 隻，管運各官為衛所職官及名色把總。為加強運船的防禦力量，汪應蛟建議「運船出海各設處色布旗號，並量給銃炮、刀槍等器，仍慎選管運官，必以精強頗識水戰者充之，沿途守風駐泊，責令登岸演習器械，倘遇有警息，則各奮長技，與防護官兵並力追截，是運艘皆為戰艦，運卒皆為戰兵，以揚威海上則足以壯聲援之勢，萬一朝鮮更需水兵，亦足以長驅珍島，效一臂之助矣」〔註219〕。

〔註214〕孫承澤：《天府廣記》卷一四《漕軍》，第 673 頁。
〔註215〕章潢：《圖書編》卷一二五《古今漕船總略》，景印文淵閣四庫全書子部第 278 冊，臺北：商務印書館，1983 年，第 794 頁。
〔註216〕《明世宗實錄》卷四四，嘉靖三年十月甲辰，第 1143 頁。
〔註217〕章潢：《圖書編》卷一二五《古今漕船總略》，第 795 頁。
〔註218〕章潢：《圖書編》卷八八《歲漕各省府派數及各總船卒運數》，第 538 頁。
〔註219〕汪應蛟：《海防奏疏》卷一《倭氛未滅防禦宜周疏》，第 400～401 頁。

　　萬曆四十六年四月，努爾哈赤以「七大恨」告天，率兵二萬嚮明朝發起軍事攻擊。這時遼東地區軍事形勢日趨嚴峻，軍用物資的供應、轉輸相當重要，萬曆四十七年二月，明神宗敕命戶部右侍郎兼都察院右僉都御史李長庚專督遼餉，駐紮天津〔註220〕。爲尋求海道，李長庚行天津道委鎮撫譚宗仁、百戶梅守成等，並行永平道委差覆探〔註221〕。經過勘察，李長庚認爲由天津以海運至永平，再起陸車運至芝麻灣，由芝麻灣入海以達三岔河，而起陸車運以抵遼陽，則海運兼行，最稱長策。爲補充天津運船，李長庚建議於天津造運船100隻，每隻估計用銀200餘兩，共約用銀2萬餘兩〔註222〕。當時，天津轉運於遼東的米、豆主要來自截漕和召買，根據《明神宗實錄》記載，萬曆四十七年十二月議准各處供給遼東米、豆數量，其中天津截留漕糧30萬石，買豆10萬石〔註223〕。《海運摘鈔》也記載，「其間海運之道惟山東、天津、淮揚三處，而淮揚有成山之險，止派三十萬石，其山東海道最近，派六十萬石，天津派三十萬石，而近開芝麻灣，在薊、密、永等處向來無船，皆藉天津之力爲運，是天津合薊、永、密三鎮到關之糧而計之亦近五六十萬石也」〔註224〕。

　　天啓二年三月，天津巡撫畢自嚴加戶部右侍郎，督理遼東糧餉〔註225〕。這年六月，經略遼東王在晉以毛文龍孤懸海外，宜速接濟，疏請於登、津發糧20萬石、豆10萬石，買布3萬匹隨解東江，以壯聲援〔註226〕。天啓時期，天津巡撫畢自嚴稱，天津「發過鮮運糧料一十二萬三千餘石，發過關運糧料一百七萬二千餘石，鮮運每石腳價四錢二分，該銀五萬餘兩，關運在南海口交卸，每石腳價二錢一分五釐，其運至關外自芝麻灣以至覺華、寧遠遞加至二錢六分，通融計算該銀二十五萬餘兩，二項共該銀三十餘萬兩」〔註227〕。當時，由天津海運的料豆收買於山東、河南，這些地方遭遇旱災，州縣一時

〔註220〕高凌雯：《天津縣新志》卷一七之一《職官一》，第500頁。

〔註221〕佚名：《海運摘鈔》卷二《二十四》，《明季遼事叢刊》上冊，臺北：鼎文書局，1978年，第45頁。

〔註222〕佚名：《海運摘鈔》卷三《三十四》，第74～75頁。

〔註223〕《明神宗實錄》卷五八九，萬曆四十七年十二月己巳，第11292～11293頁。

〔註224〕佚名：《海運摘鈔》卷五《五十四》，第118頁。

〔註225〕《明熹宗實錄》卷二〇，天啓二年三月乙丑，第1038頁。

〔註226〕《明熹宗實錄》卷二三，天啓二年六月甲午，第1167頁。

〔註227〕畢自嚴：《石隱園藏稿》卷五《疏一·津庫已匱疏》，第523頁。

難以猝辦，而且料豆難以久存，因此畢自嚴建議將海運料豆一半於三月徵派，以不誤運期，另一半則於十月征派，以稍寬民力，得到允准〔註228〕。

當時鮮運糧專責於天津，「三月裝糧，四月開船，五月抵鮮，六月回空，一年止可一次」。關於鮮運規模，畢自嚴說，「客歲鮮運共用船一百六十隻，共裝糧料一十萬九千八百八十八石，除失風外，其抵鮮者共計九萬二千三百七石四升，今津門之運舟總計不盈七百，而榆關百萬之運胥仰給焉」，「漕米可什之七，粟米可什之一，黃、黑豆可什之二，衡時勢而約其多寡」。除了米、豆之外，天津還運布三萬匹於朝鮮，由出布州、縣廣爲收買。當時，天津鮮運的 160 隻運船「列爲八號，隸以八官，分作前、後二幫，每幫於四運官中擇取才望一人以爲幫首而督率之」。由於自天津至朝鮮，海上航行 3000 餘里，時有風濤不測之險，原議各幫糧運十得八、九便爲首功。畢自嚴建議「不妨酌議則例，稍寬文網，開人功名之路，奪人畏懼之心」。爲保證鮮運安全，畢自嚴奏請命登州總兵沈有容於旅順皇城、廣鹿、平山等島，相機進剿，如遇運艘經過，便當撥兵防護，期保無虞〔註229〕。

天啓五年六月，太僕寺卿黃運泰升任戶部右侍郎兼都察院右僉都御史，督理遼餉，兼巡撫天津等處地方，備兵防海，贊理征東軍務〔註230〕。當時朝廷每年分春、秋兩次往遼東運糧，春運米糧爲 33 萬石，秋運米糧爲 22 萬石，共 55 萬石，這些餉遼之糧「惟省直之召貿與帶運之遼糧是賴」〔註231〕。根據《明熹宗實錄》記載，55 萬石中有 30 萬石由漕船帶運，「前餉臣李長庚條議題准截漕三十萬之數，責成浙、直、江、廣每運漕糧十石，帶買一石，此帶運之原委也」〔註232〕。由漕船帶運餉遼之糧，隨之出現一個問題，由於帶運遼糧「事雖責之漕船，而權不屬之漕政」，因此漕政官員只關心漕糧是否完額，往往將帶運遼糧混作漕糧以實太倉，導致天津餉院無法完成餉遼之任〔註233〕。針對這種情況，天啓五年十一月明熹宗下旨：「這帶運三十萬專爲遼設，自當解充關餉，漕糧免截，著爲定例，以後該部覆疏，還當斟酌畫一，毋致參差。」

〔註228〕畢自嚴：《石隱園藏稿》卷七《疏三·再議收買疏》，第 584 頁。

〔註229〕《明熹宗實錄》卷三二，天啓三年三月癸卯，第 1638～1640 頁。

〔註230〕《明熹宗實錄》卷六○，天啓五年六月壬寅，第 2854 頁。

〔註231〕畢自嚴：《度支奏議》云南司卷七《議撥津門漕糧以備春運疏》，第 344～346 頁。

〔註232〕《明熹宗實錄》卷六六，天啓五年十二月丙子，第 3111 頁。

〔註233〕《明熹宗實錄》卷六八，天啓六年二月乙未，第 3257～3259 頁。

〔註234〕隨後，黃運泰上疏稱，「夫帶運供遼餉者也，原有帶運之額數，漕糧供京倉者也，原有漕糧之額數，各有項款，兩不相蒙。今倉臣以漕糧爲不可截是矣，不知帶運附於漕糧之內，乃爲津門應運之物」。因此，黃運泰提出「帶運初議三十萬，專爲遼設，宜與遼事相始終，而每年額派糧料亦當以此爲主，自今以後每歲額派帶運務足三十萬之數，不必截漕，永著爲令」，黃運泰的建議被明熹宗採納〔註235〕。根據黃運泰的建議，每年漕船帶運糧額定爲三十萬，不必截漕。在實際執行中，由於各種原因，餉遼之糧往往會截留漕糧，之後再由帶運遼糧進行補還。如天啓六年八月，黃運泰疏請截漕備關，部臣靳於中執以爲不可，明熹宗認爲關門預備，勢不容緩，所以同意了黃運泰的奏請〔註236〕，當年截留漕糧數額爲 16 萬石，這截留的 16 萬石漕糧由天津應收浙江災折米 63000 石、未收帶運米 97000 石扣還抵補〔註237〕。再如天啓七年正月，黃運泰疏請先借凍糧 15 萬以充春運，再以漕船運到的帶運米糧進行抵補，明熹宗認爲黃運泰此議「權宜先後之間，無損京儲，有裨邊計」，所以允准了這一奏請〔註238〕。

由於「自奴侵犯以後，集班軍於營築，調水兵於覺華，召遼民爲戰守，多兵則多糧，多糧則多運」〔註239〕，所以關運糧餉數目並不固定，正如黃運泰所言「兵增則餉亦隨之而增，勢所必至，顧兵馬、錢糧派有年分，而增餉之法亦必照依年分」〔註240〕。茲以天啓六年爲例，當時的關運情況爲，「關內、關外米以六十一萬三千八百石爲額，豆以六十二萬六千五百六石二斗爲額，如額派運，但遇閏則應增於原額之外，應加米五萬一千一百五十石……豆六萬四千六百二十二石四斗」〔註241〕。「關門糧料照依天啓六年部派連閏，米以六十六萬石查爲額，料以六十七萬八千五百石爲額，及查發過之米，津門頭運、二運、三運並預運等項已有七十三萬石，發過之料前後三運，並薊、永附關召買等項已有六十一萬石」，「南海口信地連閏歲派米一十三萬九

〔註234〕《明熹宗實錄》卷六五，天啓五年十一月甲戌，第 3093 頁。
〔註235〕《明熹宗實錄》卷六六，天啓五年十二月丙子，第 3111 頁。
〔註236〕《明熹宗實錄》卷七五，天啓六年八月壬寅，第 3617～3618 頁。
〔註237〕《明熹宗實錄》卷七五，天啓六年八月己未，第 3642 頁。
〔註238〕《明熹宗實錄》卷八〇，天啓七年正月戊子，第 3890～3891 頁。
〔註239〕《明熹宗實錄》卷七〇，天啓六年四月癸巳，第 3384 頁。
〔註240〕《明熹宗實錄》卷七五，天啓六年八月己未，第 3642 頁。
〔註241〕《明熹宗實錄》卷七七，天啓六年十月壬子，第 3712 頁。

百三石，派豆一十四萬四千三十七石二斗，今關內已運過米一十三萬八千餘石、豆十七萬餘石，先盡關門，俱溢派之外」〔註242〕。由於漕船帶運 30萬米糧不能滿足遼東軍需，所以必須通過挪借、召買等途徑進行補充，天啓七年五月，明熹宗下旨令，「天津餉臣多運本色，或借用通倉，或暫碾各州縣倉穀，事平一併銷算」〔註243〕。崇禎二年三月，戶部尚書畢自嚴在奏疏中也稱，「關寧本色全憑海運，先該臣部額派崇禎元年分該鎮糧料共一百六十九萬五千四百七十石，而取資於帶運、截漕、存倉、碾□、召買、認納等項」〔註244〕。

在關運之外，這時天津還承擔著鮮運的任務。關於鮮運糧餉任務的分配，「本色每年該天津運十萬，登萊運十萬，折色每年該部新庫發五萬，山東發二十六萬六千」〔註245〕。根據黃運泰所言，天啓六年的鮮運「於六月十五日開洋，前後六幫，共裝糧數已足十萬，並附帶津買京發雜色布疋及軍器、蓆片等物，六年鮮運之事竣矣」〔註246〕。關於當時關運、鮮運的運輸情況，督餉尚書黃運大稱，「津門督餉一役乃邊軍命脈所關，內地安危所繫，查得帶運三十萬，原因州縣召買，零星延緩，故議於南浙江楚動支新餉買米，付漕舡帶運，累年來俱截尾幫，收之於冬，發之於春，以濟關寧缺乏。至鮮糧十萬乃毛帥自行請截，亦於冬收春運，接濟急需」〔註247〕。

崇禎三年二月，翟鳳翀升任兵部右侍郎兼督察院右僉都御史，巡撫天津〔註248〕。這年三月，翟鳳翀在奏疏中條陳整頓海運的十項針對性措施，「一曰運官委用宜愼，一曰總運責成宜專，一曰府廳裝卸宜親，一曰兩地迴圈宜設，一曰船戶體恤宜周，一曰召買祈乾宜禁，一曰斛斗較量宜均，一曰失風眞假宜核，一曰掛欠追比宜嚴，一曰船隻幫次宜定」〔註249〕。戶部覆議後，認爲翟鳳翀的建議「洞中海運機宜，曲盡船戶利弊，允宜亟爲舉行」〔註250〕，海運之弊得到整頓。

〔註242〕《明熹宗實錄》卷七五，天啓六年八月己未，第3641頁。

〔註243〕《明熹宗實錄》卷八四，天啓七年五月甲申，第4097～4098頁。

〔註244〕畢自嚴：《度支奏議》新餉司卷三《題覆督餉關運效勞疏》，第398頁。

〔註245〕《明熹宗實錄》卷七六，天啓六年九月甲戌，第3669頁。

〔註246〕《明熹宗實錄》卷七三，天啓六年閏六月壬寅，第3523頁。

〔註247〕《崇禎長編》卷三，天啓七年十一月戊寅，第124頁。

〔註248〕《崇禎長編》卷三一，崇禎三年二月甲寅，第1714～1715頁。

〔註249〕《崇禎長編》卷四四，崇禎三年三月庚辰，第2621頁。

〔註250〕畢自嚴：《度支奏議》新餉司卷一八《覆津撫條陳海運十議疏》，第413頁。

第五節　班操

班軍是明代軍事史研究中的重要課題，明代的班軍有多種類型，有京操班軍、南京京操班軍、薊鎮入衛軍、九邊防守軍等多種形式，其中與天津地區衛所有關的爲京操班軍、薊鎮入衛軍、遼東防守軍等，以下對與天津地區衛所有關的各種班操進行論述。

一、京操

（一）從調閱到京操

洪武六年正月，明太祖認爲天下已定，恐中外將卒習於安逸，廢弛武藝，於是命中書省臣同大都督府、御史臺、六部官定議外衛官軍赴京校閱之制，「在外各都司衛所每一衛於五千人內取一千人，令所管千百戶、總小旗率赴京師御前試驗，畢日回衛，余以次赴京，周而復始」〔註251〕。根據這一記述，在外衛所赴京校閱既是以次赴京，輪番進行，又是周而復始、經常進行，而不是淺嘗輒止。洪武二十二年九月，明太祖命北平都指揮使司以眞定、山海、密雲、永平、薊州、遵化諸衛及居庸關千戶所馬軍，各編隊伍操練，又於步軍內簡選壯勇、堪充馬軍者赴京校閱〔註252〕。這條史料明確顯示出薊州衛已參加了赴京校閱的行動。至永樂時期，在外衛所赴京校閱繼續大規模進行，永樂二年天津衛、天津左衛設立後，次年即設立了天津春、秋兩班營〔註253〕，以參加赴京校閱。這一時期，各在外衛所分春、秋兩番赴京校閱應該成爲制度，《宣府鎮志》記載，「永樂間，鎮兵數從征伐，武事練習，承平既久，漸以廢弛，於是詔宣鎮兵分春、秋二番，校閱京師」〔註254〕。

以上是關明代洪武、永樂時期在外衛所赴京校閱的情況，而班軍京操通常是指衛所旗軍週期性地離開所屬衛所，自備基本生活用品，到指定的地區從事防禦、修築以及其他各種雜役的軍事行動〔註255〕。根據以上研究，至永樂初年在外衛所赴京校閱已分春、秋兩番輪流進行，而班軍京操也是週期性的輪班赴京，在這一點上二者具有相同之處。然而二者的區別也是顯而易見

〔註251〕《明太祖實錄》卷七八，洪武六年正月戊午，第 1427～1428 頁。
〔註252〕《明太祖實錄》卷一九七，洪武二十二年九月己丑，第 2961 頁。
〔註253〕薛柱斗、高必大：《新校天津衛志》卷二《官職·建游擊》，第 101 頁。
〔註254〕孫世芳：《宣府鎮志》卷二二《兵政考》，第 241 頁。
〔註255〕彭勇：《明代班軍制度研究——以京操班軍爲中心》，北京：中央民族大學出版社，2006 年，第 15 頁。

的，在外衛所官軍赴京校閱，目的在於檢驗軍隊素質、考核訓練效果，進而提高軍隊的戰鬥力，而班軍京操則主要在京師從事操練、防禦活動，後期則更多地從事工程修築和其他雜役，這與赴京校閱明顯不同。關於明代京操班軍制度的建立，《明史》有如下記述，「班軍者，衛所之軍番上京師，總爲三大營者也。初永樂十三年，詔邊將及河南、山東、山西、陝西各都司、中都留守司、江南北諸衛官，簡所部卒赴京師，領赴京師，以俟臨閱，京操自此始」〔註256〕。《明太宗實錄》記載了永樂十三年這次在外衛所調動的詳細情況。這年十一月，朱棣命陝西、甘肅、寧夏、大同、遼東諸守將及河南、山東、山西、陝西都司，中都留守司，徐、宿、沂、邳、淮安、揚州、武平、歸德、睢陽、潼關諸衛，遴選所屬步、騎兵，遣能幹指揮、千百戶統領，以次年春陝西、甘肅官軍駐眞定，餘悉駐德州操練，等候赴北京閱試〔註257〕。《明太宗實錄》的記載顯示永樂十三年這次徵調在外衛所赴京仍是進行校閱，而並不是從事操練、防禦，所以這次徵調不能作爲班軍開始形成的標誌。關於班軍京操的開始時間，《皇明資治通紀》記載，永樂二十二年十一月「令直隸及各都司官軍更番於京師操備，從英國公張輔、兵部尚書李慶等之請也」，文後的按語爲「外衛官軍更番京操之制始此」〔註258〕。《明仁宗實錄》對此次外衛官軍更番至京師操備也有記載，「太師英國公張輔、太子太保兵部尚書李慶等奏請，令直隸及近京師都司官軍更番於京師操備，可之」〔註259〕。根據彭勇先生的研究，這是在外衛所官軍更番於京師操備的最早記載，可以視爲明代班軍京操開始的時間，至宣德時期班軍京操不斷完善，最終形成定制〔註260〕。

　　以上研究了在外衛所赴京校閱和輪班京操的情況，釐清二者的區別，對於明確班軍制度的形成，深化班軍制度研究具有重要的學術意義。這是從今人研究歷史的角度來看的，而從明代洪武、永樂時期在外衛所官軍的角度來看，不論是赴京校閱，還是輪班京操，他們都要按照規定週期性地輪番赴京，活動內容雖有不同，但都是離開所屬衛所，遠赴京師，都涉及到行旅、衣食、裝備等問題，所以從衛所官軍特別是普通旗軍來看，赴京校閱、輪班京操對

〔註256〕 張廷玉：《明史》卷九〇《兵志二・班軍》，第 2229 頁。
〔註257〕 《明太宗實錄》卷一七〇，永樂十三年十一月辛亥，第 1897〜1898 頁。
〔註258〕 陳建：《皇明資治通紀》卷一四，《四庫禁燬書叢刊》史部第 12 冊，北京：北京出版社，1997 年，第 295 頁。
〔註259〕 《明仁宗實錄》卷四（上），永樂二十二年十一月乙亥，第 136 頁。
〔註260〕 彭勇：《明代班軍制度研究——以京操班軍爲中心》，第 68 頁。

他們來說區別並不是太大。基於這種原因，文章將對明代天津地區衛所官軍各種徵調活動一併進行研究，以反映歷史全貌。

（二）天津地區衛所的京操

根據前文所述，洪武二十二年九月，薊州衛已參加了赴京校閱的行動〔註261〕。永樂二年天津衛和天津左衛設立後，次年即設立了天津春、秋兩班營〔註262〕，以參加赴京校閱，這些是天津地區軍衛被徵調赴京校閱的情況。關於天津地區衛所參加京操的情況，根據嘉靖《河間府志》記載，天津衛、天津左衛、天津右衛均參加京操〔註263〕。《明宣宗實錄》記載，宣德三年七月，明宣宗將於農作結束後出郊閱武，所以敕令通州、神武、定邊、薊州等53衛指揮、千戶、百戶等各領輪班放回神銃手官軍星馳赴京〔註264〕。根據這個記載，我們可以看出從洪武二十二年的赴京校閱，到宣德時期的輪班京操，薊州衛都參與其中，所以薊州衛參加京操的時間很早。萬曆《順天府志》記載，武清衛也屬於京操衛所〔註265〕。《明英宗實錄》記載，正統五年十二月，梁城所鎮撫黎得覽言，梁城所軍士「往時不曾差操，可以耕食，今輪遞往京師操備，無暇耕種，請給其食」，於是明英宗命操備行糧如例給之，在所之人則每月給米三斗〔註266〕。根據這一記載，梁城所旗軍開始參加京操最晚應在正統初年。

明代參加京操的先後曾有位於南、北直隸的部分衛所和遼東都司、陝西都司、山西都司、河南都司、山東都司、大寧都司、萬全都司、中都留守司所轄的部分衛所，其中陝西都司、山西都司、河南都司、山東都司、大寧都司、萬全都司、中都留守司參加京操的衛所由本都司組織管理，南、北直隸參加京操的衛所則分別由中都留守司、大寧都司代為管理。《明憲宗實錄》記載，成化二十年十月，命大寧指揮僉事何榮統領屬衛並直隸河間、真定等衛秋班官軍操備〔註267〕。萬曆《河間府志》記載，正德時期天津京操班軍也由大寧都司統領，赴京操練〔註268〕。根據萬曆《明會典》的記載，鎮守薊鎮總

〔註261〕《明太祖實錄》卷一九七，洪武二十二年九月己丑，第2961頁。

〔註262〕薛柱斗、高必大：《新校天津衛志》卷二《官職·建游擊》，第101頁。

〔註263〕郜相、樊深：（嘉靖）《河間府志》卷一一《武備志·兵制》，第575頁。

〔註264〕《明宣宗實錄》卷四五，宣德三年七月甲子，第1104頁。

〔註265〕沈應文、張元芳：（萬曆）《順天府志》卷四《政事志·武備》，第191頁。

〔註266〕《明英宗實錄》卷七四，正統五年十二月戊子，第1441頁。

〔註267〕《明憲宗實錄》卷二五七，成化二十年十月丙辰，第4337～4338頁。

〔註268〕杜應芳、陳士彥：（萬曆）《河間府志》卷六《武備志》，第25頁。

兵官下轄游擊七員，分別統領天津春班官軍、寧山春班官軍、通津春班官軍（防邊回日駐通州）、德州春班官軍、天津秋班官軍、德州秋班官軍、瀋陽秋班官軍，原書文後有注，「以上七員原俱係大寧都司，萬曆三年改爲游擊，仍舊領班防邊，回日各駐本班軍衛地方操練」〔註269〕。根據以上記載，我們可以知道天津三衛、河間衛、瀋陽中屯衛、眞定衛等位於直隸地區的衛所在京操時均由大寧都司管理。事實上，位於直隸地區的眾多衛所在參加京操時均由大寧都司管理，武清衛和梁城所也由大寧都司管理。

　　通過以上研究，我們知道天津等衛所參加京操時由大寧都司進行管理，這時我們就產生疑問，這種管理是否說明天津等衛所由直屬後軍都督府改爲隸屬大寧都司？關於這一點，我們可以從萬曆《明會典》上述記載中找到答案，根據萬曆《明會典》的記載，通津春班官軍京操時由大寧都司管理，而防邊回日仍駐通州，這說明這種管理只是班軍參加京操時的一種組織形式，並不是班軍所在衛所隸屬關係的變化，通津春班官軍如此，天津三衛、武清衛、梁城所的班軍也是如此。

　　根據前述萬曆《明會典》的記載，天津春、秋班各設游擊一員。《四鎮三關志》記載，「天津營班軍原設都司，萬曆三年改設游擊一員」〔註270〕。由此可知萬曆三年之前天津班軍營由都司統領，萬曆三年將都司改爲游擊，天津春、秋兩班營各設游擊一員，《四鎮三關志》所言不夠準確。需要說明的是，天津班軍營游擊並非從天津三衛軍官調任而來，如萬曆五年閏八月張家灣守備趙繼光升任天津領軍游擊〔註271〕，再如萬曆八年二月調原任山海關參將王通爲游擊，統領薊鎮天津秋班官軍〔註272〕。萬曆八年七月，神樞八營佐擊王秩升任游擊，統領薊鎮天津秋班官軍〔註273〕。

　　正統時期，北部邊防趨緊後，包括天津班軍在內的京操班軍均開始戍守邊境。至景泰時，戍守邊地的班軍又改爲全部留京，以加強京師的防禦力量。景泰二年二月，武清侯石亨以京操班軍操備既久，盤費拮据，而這時北部軍事壓力有所緩和，於是奏請京操班軍輪流放回，取辦衣裝。兵部尚書于謙建

〔註269〕申時行：(萬曆)《明會典》卷一二六《兵部九・鎮戍一・將領上・薊鎮》，第649頁。
〔註270〕劉效祖：《四鎮三關志》卷三《軍旅考・薊鎮軍旅・營伍・客兵》，第92頁。
〔註271〕《明神宗實錄》卷六六，萬曆五年閏八月癸卯，第1451頁。
〔註272〕《明神宗實錄》卷九六，萬曆八年二月辛未朔，第1923頁。
〔註273〕《明神宗實錄》卷一〇二，萬曆八年七月己巳，第2007頁。

議京操班軍分爲三班，常留兩班在京師操備，輪流放回，取辦衣裝，其中保定、河間、天津班軍放 50 天，河南、山東放 90 天，淮、揚、中都放 100 天，紫荊、倒馬、白羊三關及保定諸城戍卒屬山東、河南者，亦如之。放回時，由都指揮、指揮請敕領回，依限赴操，若有事故，務要選取精壯補數，不許缺少。如果軍士於放還之時擅自逃散，軍官鐫秩三等，終身守邊，軍士全家謫發邊衛。景泰帝接受了石亨、于謙二人的建議，予以施行〔註274〕。可以看出，天津班軍這時每年僅有 50 天回衛取辦衣裝的時間，已不再是春、秋兩班輪番赴京，可以看出當時軍事形勢的嚴峻。

京操班軍最初的任務是編入京軍三大營操備，「令直隸及近京都司官軍更番於京師操備……古者務農講武，皆有定期，故兩不偏廢。今宜略仿此意，無廢屯種」〔註275〕。至明代中期，京操班軍的各種差役日益繁重，正德、嘉靖時期屢興大工，參加京操的天津三衛班軍常被徵調參加各項工役，如正德十四年十二月，撥天津三衛官軍 6154 人拽運營建大木，免其春班京操〔註276〕。嘉靖三年九月，從貴州採運的大木運至天津，工部議借撥天津秋班官軍將大木運至京師，兵部堅持「營軍輪班操備，乃祖宗成法，謀慮深遠。頃者以操備爲虛文，視官軍爲人匠，諸所興作，動輒借撥，以致行伍日耗，武備日弛，萬一有警，調用不足，咎將誰歸？況今殿已完，木運可緩」〔註277〕。明世宗採納了兵部的建言，天津秋班官軍才免於借撥。由於京操班軍編入京營訓練，天津三衛京操班軍被徵調拽木，自然對京營有所影響。關於明代京營中的占役問題，明人王廷相如下論述，「今團營軍士派之雜差，撥之做工，留之拽木，終歲不得入操，困苦以勞其身而敵愾之氣縮，畚鍤以奪其習而弓馬之藝疏。雖有團營聽徵之名，實與田畝市井之夫無異，欲其戰勝攻取以張惶威武，夫何敢望」〔註278〕。黃道周也說，「團營中外十二萬眾，散爲工役，隸於私門，無所用之，而常歲食糧八九十萬」〔註279〕。不僅京營如此，對於整個明朝軍隊而言，公役、私役繁重一直是明代軍士逃亡、軍隊積弱、戰鬥力下降的重要原因。

〔註274〕《明英宗實錄》卷二○一，景泰二年二月己卯，第 4290～4291 頁。
〔註275〕《明仁宗實錄》卷四（上），永樂二十二年十一月甲戌，第 136 頁。
〔註276〕《明武宗實錄》卷一八一，正德十四年十二月癸未，第 3516～3517 頁。
〔註277〕《明世宗實錄》卷四三，嘉靖三年九月甲申，第 1127 頁。
〔註278〕陳子龍：《明經世文編》卷一四八，王廷相《修舉團營事宜疏》，第 1474 頁。
〔註279〕黃道周：《黃石齋先生文集》卷一《擬汰冗濫清宿蠹以足軍需疏》，《續修四庫全書》第 1384 冊，上海：上海古籍出版社，2002 年，第 15 頁。

（三）京操對天津地區軍事的影響

京操班軍是爲了加強京師的軍事防禦，然而大批旗軍被抽調參加京操，必然會對這些衛所的軍事狀況產生重要影響。首先來看京操對衛所屯田的影響，《明英宗實錄》記載永樂時期梁城所的官軍從事屯田，自食其力，不需朝廷發給俸餉。至正統時期梁城所的旗軍被徵調參加京操，已無暇耕種屯地，官軍的生計成爲問題，所以在這種情況下梁城所鎮撫黎得覽請求朝廷發給官軍俸糧。面對官軍的實際困境，明英宗命令旗軍操備行糧如例給之，在所之人則每月給米三斗〔註 280〕。關於京操對天津三衛、河間三衛正軍、餘丁的影響，嘉靖《河間府志》的纂修者樊深說，由於旗軍被徵調參加京操，導致其無力耕種屯地，所以只能依靠朝廷發給米食才能度日，然而班軍在京應得的行糧卻往往以工價的名義被扣除，班軍沒有別項生理，於是不得不借貸於人，這又使他們背上沉重的債務負擔。這是在京班軍的情況。對於在衛的餘丁而言，由於正軍被徵調，所以餘丁擔負起保衛地方的責任，然而餘丁雖然受到嚴格管理，卻沒有米食之給，反而有軍器之費、買馬之索，苦不堪言。因此，樊深概歎道：「夫用民之力惟在所養，不養其民而能用其民也，難矣哉。」〔註 281〕

以上是京操對班軍和餘丁生計的影響，不僅如此，由於京操在僉選班軍時必須以精壯爲標準，「其間有老弱殘疾、不堪操備者，選精壯者代之」〔註 282〕，這必然使衛所最具戰鬥力的旗軍被徵調赴京，從而導致地方防守能力弱化。根據前文研究，我們知道薊州衛從洪武時期即被徵調赴京校閱，之後又參加京操，這導致薊州地方防守空虛。至土木之變後，明代北部邊防壓力增大，關於這一點，錦衣衛指揮僉事宗鐸說，山海、永平、薊州地方廣闊，關口數多，又徵調 5000 名官軍赴京操備，所餘多老弱不堪。爲加強這一地區的防守力量，宗鐸奏請停止薊州等衛的京操，命僉都督宗勝等進行統領，留在薊州等地進行操練、防守〔註 283〕。天津三衛也同樣面臨這個問題，景泰五年八月，太子少師兼吏部左侍郎、翰林院學士江淵在奏疏中說，軍衛本爲守護地方而設，天津、德州、鳳陽等衛官軍俱輪班京師操練，各衛管事

〔註 280〕《明英宗實錄》卷七四，正統五年十二月戊子，第 1441 頁。
〔註 281〕郜相、樊深：(嘉靖)《河間府志》卷一一《武備志‧兵制》，第 579～580 頁。
〔註 282〕《明宣宗實錄》卷一一〇，宣德九年四月丙辰，第 2463～2464 頁。
〔註 283〕《明英宗實錄》卷一八八，景泰元年閏正月壬戌，第 3841 頁。

官也被徵調取赴操，導致各處軍衛空虛，所以江淵奏請將管事官年五十以上者放回原衛管事，精壯者留操，今後不許報取管事官，以保證內外武備俱不乏人〔註284〕。

由於京操引起地方防禦力量弱化，所以為加強地方軍事力量，許多原本參加京操的衛所後來退出京操行列，專於軍事要地防守，如陝西都司所屬衛所即於明英宗即位之初停止京操〔註285〕，正統元年至正統三年，山西都司參加京操的衛所也陸續改於宣府、大同、延安、綏德等地守備〔註286〕。天津地區參加京操的衛所也在軍情緊急時，留於地方守備，如弘治十年七月兵部擔心泰寧、福餘二衛與朵顏衛勾結，陰圖入寇，奏請命薊州巡撫等官選遊兵3000名，委游擊將軍暫駐建昌應援，仍留薊州、遵化以東各衛所京操官軍暫駐永平以備徵調，明孝宗允准了這一建議〔註287〕。次年十二月，整飭薊州等處都御史洪鐘奏言：「薊州、永平逼臨虜境，素無營壘，虜易出沒，關多軍少，分布不及，欲將薊州、遵化以東十四衛京操官軍九百二十人存留本地防守。」經兵部覆奏後，這一建議也得以施行〔註288〕。

根據天津兵備副使蔣曙所言，正德時期天津三衛有正軍 7417 名參加春、秋兩班京操。當時天津三衛實在正軍、餘丁24240餘名，有大批正軍、餘丁被徵調參加京操、運量和各項差役，根據蔣曙統計，僅有餘丁700餘名在衛守城。蔣曙說：「夫以襟喉之重鎮而僅存數百之餘丁，間有他故，不能盡數為用，列不成行，聚不成隊，何以振軍威而懾服奸頑也哉，是亦可以寒心也已。舊歲流賊生發，幸存京軍操練，城池賴保無虞，今盜賊寧息，悉令輪班京操，以致營伍空虛，缺人操守，倘遇有警，將何備禦？」為加強天津地方的防守力量，蔣曙請求比照保定事例，將天津三衛春、秋兩班內每班量留1500或1000名回衛操備，以振揚軍威，保障地方，有事則仍聽京營調遣〔註289〕。

〔註284〕《明英宗實錄》卷二四四，景泰五年八月乙酉，第5297～5298頁。

〔註285〕《明英宗實錄》卷三，宣德十年三月辛巳，第68頁。

〔註286〕《明英宗實錄》卷二五，正統元年十二月丁丑，第499～500頁；卷三七，正統二年十二月己卯，第723頁。

〔註287〕《明孝宗實錄》卷一二七，弘治十年七月己酉，第2257頁。

〔註288〕《明孝宗實錄》卷一四五，弘治十一年十二月戊午，第2552頁。

〔註289〕陳子龍：《明經世文編》卷一七五，蔣曙《興革利弊疏》，第1779～1780頁。

二、入衛薊鎮

嘉靖二十九年庚戌之變後，朝廷加強京師防禦，薊鎮的防守同樣嚴峻，於是開始大規模地徵調外衛軍兵進行入衛。就在「庚戌之變」這一年，明世宗令大寧兩班官軍 60000 餘名免其京操，春班參將四員各領 5000 人，共 20000 人，赴薊鎮防春，其餘盡數分隸秋班參將部下，於內仍選精壯遊兵 6000 人，責付新添游擊二員統領，與舊遊擊六員赴薊鎮防秋。除大寧班軍外，河間等衛班軍 22996 員名為腹裏京操之數，也全部改發薊鎮，由東關御史選定人數，將精銳 21000 員名定作秋班七枝，次等 10000 餘員名定作春班五枝，每年春班正月初旬上班，五月終旬放班，秋班六月初旬上班，十一月終旬下班。其中河間、天津等衛每年輪班 1000 名赴黃花鎮防禦，武清衛 988 名於古北口住守，梁城所班軍也於古北口一帶擺邊防守，均常川在彼，不必掣調〔註290〕。

根據萬曆《河間府志》記載，嘉靖三十九年，天津班軍改於松棚路修守，以路將帶管〔註291〕。隆慶二年，薊遼總督曹邦輔建議松棚谷地方添設參將或游擊一員，專管龍井兒、洪山口、羅文谷三提調地方，不必分外召兵，就將天津等衛班軍 6000 名分為兩班，兩班見面更替，專聽本路參將或游擊統領策應，工部關給盔甲，兵部半（原文為「半」，似應為「關」，筆者注。）給馬匹。曹邦輔認為以入衛之軍充防邊之役，既可以省召募之煩，各軍在家原有月糧，在邊原有行糧，又無額外增糧之費，此誠薊鎮邊情之急務〔註292〕。《四鎮三關志》收有李尚賢升任松棚路游擊時的受命敕書，「今特命爾充游擊將軍，專管薊州松棚谷地方，在於龍井兒關駐紮，統領天津等處班軍六千名，照舊分為兩班，見面更替」〔註293〕。萬曆時期，戶部尚書楊俊民在《邊餉漸增供億難繼酌長策以圖治安疏》中則說，「天津三衛原有兵九千三百九十員名，為海防而設，亦有額派糧料，後因各軍坐縻糧料，內簡五千七百赴薊鎮修守」〔註294〕。

〔註290〕申時行：（萬曆）《明會典》卷一二九《兵部十二・鎮戍四・各鎮分例一・薊鎮》，第 665 頁。

〔註291〕杜應芳、陳士彥：（萬曆）《河間府志》卷六《武備志》，第 26 頁。

〔註292〕劉效祖：《四鎮三關志》卷七《制疏考・總督侍郎曹邦輔議增松棚路並處班軍疏略》，第 307 頁。

〔註293〕劉效祖：《四鎮三關志》卷七《制疏考・敕松棚路游擊李尚賢》，第 244 頁。

〔註294〕陳子龍：《明經世文編》卷三八九，楊俊民《邊餉漸增供億難繼酌長策以圖治安疏》，第 4215 頁。

　　嘉靖四十一年，朝廷議將統領直隸班軍武官由都司改爲游擊，以重事權。薊、遼、保定總督楊選建言，直隸衛所春、秋兩班軍士本非勁卒，共設有領班都司四員，依期管領赴邊，然盔甲、器械全無，不過責令擺牆備數而已。因此，楊選認爲將領班都司改爲游擊以重事權，實際上只會反滋勞擾，於是天津領班都司改爲游擊的設想並未實行〔註295〕。萬曆《河間府志》記載，萬曆元年天津班軍設立游擊進行統領〔註296〕。萬曆《明會典》則記載，萬曆三年天津班軍設立游擊〔註297〕。二書所記載的時間相差二年，究竟孰是孰非，我們再查閱其他史書進行考證。《四鎮三關志》記載，萬曆三年薊遼總督楊兆在《分布兵馬以飭春防疏》中說，「天津、德州、通津、寧山、瀋陽領班都司俱改游擊職銜，本部查擬責任，仍各請換不坐名敕書，齎付各官便宜行事」〔註298〕。《明神宗實錄》卷四六也記載，萬曆四年正月，詔給德州、寧山、通津、天津、瀋陽領班游擊尹湘等七員及輜重營游擊陳伯懌等三員各旗牌三面副〔註299〕。根據上述《四鎮三關志》和《明神宗實錄》的記載，我們可以知道萬曆三年天津等領班武官由都司改爲游擊，萬曆《明會典》中的記載當爲正確。

　　根據《四鎮三關志》中天津春班游擊劉龍、天津秋班游擊祝琦的受命敕書，劉龍統領天津三衛春班軍士3000名分布松棚路地方防守，每年於正月初旬上班，六月初旬下班，與天津營秋班更番對代，回日駐紮本衛城內。赴班途中，由守巡兵備官對官軍嚴加訪察，到邊後聽總督、總兵、巡撫官節制。下班之日，地方無事，游擊將軍士雙月調取一操，遇有盜賊竊發，聽本處巡撫官調度剿殺〔註300〕。爲節省篇幅，《四鎮三關志》將劉龍、祝琦二人的受命敕書合爲一文，只記載了劉龍統領春班軍士3000名分布松棚路地方防守，每年於正月初旬上班，六月初旬下班，而缺少祝琦所統領的天津秋班軍士的情況。根據同書所載德州秋班游擊尹湘、德州春班游擊安廷燦的受命敕書，德

〔註295〕《明世宗實錄》卷五〇九，嘉靖四十一年五月丙戌，第8378～8379頁。
〔註296〕杜應芳、陳士彥：（萬曆）《河間府志》卷六《武備志·兵制》，第26頁。
〔註297〕申時行：（萬曆）《明會典》卷一二六《兵部九·鎮戍一·將領上·薊鎮》，第649頁。
〔註298〕劉效祖：《四鎮三關志》卷七《制疏考·總督侍郎楊兆分布兵馬以飭春防疏略》，第352頁。
〔註299〕《明神宗實錄》卷四六，萬曆四年正月丙午，第1029頁。
〔註300〕劉效祖：《四鎮三關志》卷七《制疏考·敕統領薊鎮天津春、秋班游擊劉龍、祝琦》，第251～252頁。

州春班官軍每年正月初旬上班，六月初旬下班，德州秋班官軍每年六月初旬上班，十一月終旬下班〔註301〕。天津春班官軍與德州春班官軍的上、下班時間一致，如果推測不繆，天津秋班官軍也應與德州秋班官軍的上、下班時間一致，均爲每年六月初旬上班，十一月終旬下班。根據萬曆《河間府志》的記載，萬曆十九年日軍入侵朝鮮之前，因倭情叵測，天津海防左、右二營由入衛薊鎮改爲春、秋防海，其中左營額兵 3000 名，右營額兵 2992 名〔註302〕。根據這一記載，我們可以知道天津秋班官軍大致也應 3000 名。除天津春、秋兩班游擊外，通津春班游擊統領天津三衛、定邊衛、通州左衛、通州右衛和神武中衛，共軍士 3434 名，每年於正月初旬上班，六月初旬下班，分布薊鎮太平路地方防守〔註303〕。根據天津兵備副使蔣曙所言，正德時期天津三衛有正軍 7417 名參加春、秋兩班京操〔註304〕。如果萬曆時期天津春班、天津秋班、通津春班中於薊鎮防守的天津三衛人數，與正德時期天津三衛京操班軍人數一致，根據前述天津春、秋兩班人數大致爲 6000 名，則通津春班營中天津三衛軍士當爲 1400 餘名。

萬曆時期朝鮮戰爭爆發後，天津班軍開始改留天津，以加強天津海防力量。然而這時天津班軍春、秋赴邊修築並未停止，當時邊防、海防均相當嚴峻，「倭、虜俱稱勁敵，邊、海盡係要防」〔註305〕，正如汪應蛟所言，「倭急則議留，倭緩則議調，旋留旋調，輾轉無常，臣不得已而有春秋遞防邊、海之議」〔註306〕。這一時期天津春、秋兩防班軍往往既要赴邊修築，歇班時又要防守海口，任務確實很重。

至天啓時期，後金屢屢興兵內犯，天津地區的軍隊多次被徵調防守薊鎮。天啓三年十一月，根據山海關總兵馬世龍塘報，後金有內侵之圖，兵部尚書趙彥奏請於天津、通州各調馬、步兵兩營，各用兩員驍勇將官統領，赴

〔註301〕劉效祖：《四鎮三關志》卷七《制疏考·敕統領薊鎮德州秋班游擊尹湘》，第250～251頁：同卷《制疏考·敕統領薊鎮德州春班游擊安廷燦》，第252～253頁。

〔註302〕杜應芳、陳士彥：(萬曆)《河間府志》卷六《武備志·兵制》，第25～26頁。

〔註303〕劉效祖：《四鎮三關志》卷七《制疏考·敕統領薊鎮通津春班游擊徐槐》，第251頁。

〔註304〕陳子龍：《明經世文編》卷一七五，蔣曙《興革利弊疏》，第1779頁。

〔註305〕宋應昌：《經略復國要編》卷二《移薊遼總督軍門諮》，第29頁。

〔註306〕汪應蛟：《撫畿奏疏》卷八《海濱屯田試有成效疏》，第506頁。

喜峰口防禦，聽中協副總兵王威調遣，分派既定，各官兵晝夜嚴防，時刻不容少懈。明熹宗認爲趙彥的建議切實可行，命督撫鎮道各官悉心整頓，不得因循誤事〔註307〕。督理遼東糧餉部院兼天津巡撫畢自嚴稱：「自十二月十八日爲始，陸續督發。頻行，臣復親詣教場，公同道、鎮，犒以花紅、酒肉，各兵無不歡聲雷動，踊躍趨事。於是，正兵營游擊周義統領官兵二千一百五十七員名、馬騾二百五十七匹頭，於十二月十八、十九兩日起行訖；毛兵營都司董世賢統領官兵一千八百三十三員名、馬騾九十五匹頭，於十二月二十、二十一兩日起行訖；河南營都司雍大綏統領官兵二千三百零四員名、馬騾一百一十三匹頭，於十二月二十二、二十三兩日起行訖。取據兵備參議來斯行、副總兵毛有倫各呈報緣繇在卷，近准順天撫臣岳和聲回諮，正兵營官兵已於二十六日前抵信地，而毛兵、河南二營亦約於年裏陸續並至矣。」〔註308〕。

三、戍守其他地區

（一）遼東

明代遼東的戰略地位十分重要，顧祖禹在《讀史方輿紀要》中說，「明朝都燕，遼東實爲肘腋重地，建置雄鎮，藩屏攸賴。司之西北則朵顏、福餘、泰寧三衛，東北則高麗、耽羅、迆北等地，而廣寧、開元居其喉吭，金、復、海、蓋並稱沃饒，爲之根本」〔註309〕。明代在遼東地區設置了遼東都司、奴爾干都司對遼東地區進行管理。爲加強遼東地區的軍事防守，直隸地區的衛所於遼東地區進行週期性的備禦防守。根據《明英宗實錄》記載，宣德十年時，通州左、右衛，定邊衛，薊州衛，永平衛，山海衛，隆慶衛，涿鹿衛等衛已經在遼東操備〔註310〕。

（二）保定

永樂元年三月，大寧都司內遷至保定，所轄衛所也隨之內遷〔註311〕，北部防線開始收縮。永樂十九年，朱棣將首都由南京遷至北京後，京師居於北

〔註307〕《明熹宗實錄》卷四一，天啓三年十一月丙子，第2133～2139頁。
〔註308〕畢自嚴：《餉撫疏草》卷一《防兵已發重鎮頓空疏》，第17～18頁。
〔註309〕顧祖禹：《讀史方輿紀要》卷三七《山東八》，第603～604頁。
〔註310〕《明英宗實錄》卷八，宣德十年八月己酉，第155頁。
〔註311〕《明太宗實錄》卷一八，永樂元年三月壬午，第320頁。

部邊地，在構建以京師為核心的北邊防禦體系中，保定的戰略地位逐漸增強。顧祖禹在《讀史方輿紀要》中說，保定府「居三關之中，形勢適均，緩急可賴，誠三輔之長城，兩邊之內險也」〔註312〕。嘉靖二十二年二月，巡撫保定都御史丁汝夔以紫荊、倒馬二關外控雲朔，內拱京師，所以應多集兵馬，分路按伏，以備應援，奏請留定州、茂山衛班軍以補紫荊等關，留真定、神武二衛並平定千戶所班軍以補龍泉、故關，更以天津、河間等衛所班軍分調二處，並助防守。丁汝夔的建議得到明世宗的允准〔註313〕，這樣天津班軍開始改於紫荊、倒馬二關防守。

（三）宣府

宣府位於明代北部邊防的前沿，從懷來至居庸關的要道是京畿與大同往來的重要通道，也是蒙古人南下的主要通道，因此宣府實為京畿門戶，軍事地位相當重要。永樂六年二月，有廣寧衛卒還自迤北，稱北虜準備南掠，於是朱棣命武城侯王聰、同安侯火真率北京、永平、薊州、山海、真定諸衛騎兵於宣武府等處備禦，敕總兵左都督何福等加強邊備〔註314〕。

第六節　各項差役

明代衛所軍役的內容繁多，各地衛所承擔的差役也有所不同，現根據各種史書所載相關內容，對明代天津地區衛所承擔的各種差役進行論述、研究。

一、差役種類

（一）河工之役

天津地區河流密布，水道縱橫，護河、修堤是明代天津軍士的一項經常性事務。天津衛、天津左衛、天津右衛、武清衛均負責一定數量的淺鋪，成書於不同時期的《漕河圖志》、《漕運通志》、嘉靖《河間府志》、萬曆《明會典》對此均有記載，為進行對比，茲將各書中的相關記載製成下表。

〔註312〕顧祖禹：《讀史方輿紀要》卷一二《北直隸三》，第 422 頁。
〔註313〕《明世宗實錄》卷二七一，嘉靖二十二年二月壬寅，第 5344～5345 頁。
〔註314〕《明太宗實錄》卷七六，永樂六年二月癸未，第 1035 頁。

表3-3　明代天津軍衛淺鋪、淺夫一覽表

資料來源	軍衛	淺鋪數量（個）	小甲人數（名）	淺夫人數（名）	軍夫人數（名）
《漕河圖志》	武清衛	4	4	40	0
	天津衛	11	11	99	0
	天津左衛	24	24	216	0
	天津右衛	10	10	90	0
《漕運通志》	武清衛	4	4	40	0
	天津衛	12	12	0	108
	天津左衛	24	24	0	216
	天津右衛	10	10	0	90
嘉靖《河間府志》	天津衛	11	11	100	0
	天津左衛	24	24	216	0
	天津右衛	10	10	90	0
萬曆《明會典》	武清衛	4	4	40	0
	天津衛	12	12	24	60
	天津左衛	24	24	48	180
	天津右衛	10	10	20	50

注：上表根據《漕河圖志》卷一《漕河建置》、卷三《漕河夫數》，《漕運通志》卷二《漕渠表‧淺》，嘉靖《河間府志》卷六《河道志‧漕運》，萬曆《明會典》卷一九八《工部十八‧河渠三‧運道三‧夫役》製成。

　　根據以上各書所載內容，我們知道武清衛、天津左衛、天津右衛負責的淺鋪分別為4個、24個、10個，天津衛的淺鋪則從11個增為12個，《漕河圖志》、嘉靖《河間府志》均記載了各淺鋪的淺夫人數，而無軍夫。而《漕運通志》中所載武清衛、天津衛、天津左衛、天津右衛均只有軍夫，而無淺夫，而且《漕運通志》中所載天津左衛、天津右衛軍夫人數與《漕河圖志》所載淺夫人數完全一致。萬曆《明會典》中則既有淺夫，又有軍夫，說明天津各衛的淺鋪在弘治之前均由民夫供役，至嘉靖、萬曆時期民夫數量開始減少，

軍士開始補充到淺夫隊伍中來，承擔相關的漕運事務。

　　根據整飭天津兵備副使蔣曙《興革利弊疏》所言，天津三衛看守的淺鋪自城南稍直口起，抵南皮縣白洋橋口止，爲南河口，共淺鋪 29 座，每座淺鋪正、貼丁 20 人，29 座淺鋪共用 580 人，河開則撈淺修築堤岸，河凍則辦納椿草價銀。成化時期，通州鎮守陳都督起倩天津三衛夫役修理要兒渡口，工完之後，遂分撥天津三衛夫役看守北河口蔡村上下淺鋪 15 座，每座淺鋪用堤夫 21 人，每名堤夫有貼丁 2 人，每座淺鋪用 63 人〔註315〕，15 座淺鋪共用均徭餘丁 945 人。南河口夫役爲 580 人，北河口夫役爲 945 人，共計 1425 人，蔣曙在《興革利弊疏》前文中稱，「南、北修河淺夫正幫餘丁一千五百二十二名」〔註316〕，前後所述略有差異。根據蔣曙所言，天津三衛夫役由北河口往返屯所，將及七八百里，每夫歲用銀不下六、七兩，「老稚號爲苦差，貧富不甘應役」。北河口 15 座淺鋪位於定邊衛、武清衛、武清縣地方，這些衛所曾設有淺夫看守河口，蔣曙認爲天津三衛軍夫至北河口看守河口，「捨近而求諸遠，去易而取諸難，地方所累莫過於此」，因此請求將天津三衛看守北河口淺夫盡數放回，仍將定邊衛、武清衛、武清縣軍民編爲淺夫〔註317〕。

　　成化元年，疏濬通濟河要兒渡口，明憲宗命工部主事蔣瑄、都指揮同知陳逵董其役〔註318〕，要兒渡位於武清河西務，這次疏濬渡口之役，武清衛應該參加其中。嘉靖時期，都御史周期雍認爲武清衛修堤、護淺的軍夫多於別的軍衛，因此建議將武清衛部分軍士存留應役，其餘軍士則遣之回衛。然而，由於這事牽扯到戶部、工部的利益紛爭，所以周期雍的建議並未被採納，武清衛軍士仍舊存留修堤、護淺如故〔註319〕。

　　天順三年春，爲避免薊運糧遭遇海上風濤之險，薊鎮都督僉事宗勝、監察御史李敏、工部主事李尚徵發薊州等衛軍萬人，自新河起，鑿河 40 里，直

〔註315〕陳子龍：《明經世文編》卷一七五，蔣曙《興革利弊疏》，第 1781 頁。原文爲「每座堤夫二十一名，每名該貼丁二丁，每鋪用人丁六十六丁，以三衛十五鋪計之，共用均徭餘丁九百四十五丁」，根據上述記載，每座淺鋪有堤夫 21 人、貼丁 42 人，合計 63 人，15 座淺鋪共用夫役 945 人，所以每座淺鋪所用人丁爲 63 人，並非 66 人。

〔註316〕陳子龍：《明經世文編》卷一七五，蔣曙《興革利弊疏》，第 1780 頁。

〔註317〕陳子龍：《明經世文編》卷一七五，蔣曙《興革利弊疏》，第 1781 頁。

〔註318〕《明憲宗實錄》卷一五，成化元年三月戊申朔，第 331 頁。

〔註319〕《明世宗實錄》卷一三一，嘉靖十年十月乙未，第 3118～3119 頁。

達薊州之紀家窩〔註320〕。新河開通後，薊運糧改由薊運河、新河運輸，免受海上不測之險，薊州等衛軍士在這次開挖新河中做出了貢獻。根據萬曆《明會典》記載，天津海口新河長十里四十八步，其中王家淺至冀家窩段關係運道，每三年兩次挑挖。至萬曆六年題准，每年秋開濬一次，附近寶坻、武清、香河三縣，天津衛、天津左衛、天津右衛、營州前屯衛、武清衛，梁城守禦千戶所共編派役夫 1154 名進行疏濬〔註321〕。

成化六年七月，通州至武清的堤岸有 19 處被沖決，由於漕運屆期，所以工部奏請起倩兵、民並工修築。明憲宗批准了工部的奏請，由工侍郎李顯董其事〔註322〕。至成化十三年七月，管河郎中楊恭奏請調撥京營官軍，修築運河沖決堤岸，經工部會議後，從天津調撥軍士 3000 名，再從順天府沿河州縣起解民丁 1000 名，與堤淺諸夫一起興工修築，仍給予行糧〔註323〕。嘉靖二十三年十月，木欒店河口及各堤岸沖決，由於衛河自臨清抵直沽，止有三座減水閘，工部管河郎中歐陽烈奏請於德州以北增修減水石壩一座，仍於沿河築攔水月堤以護河岸，並建議將天津等衛軍補淺夫，審編正、副，逐堤遍巡、修補。經工部議覆後，歐陽烈的建議被批准實施〔註324〕。

（二）迎送之役

天津為水路交匯之區，官員、勢要人等往來頻仍，所以天津三衛軍士往往被調撥以迎來送往，負擔繁重。成化二年五月，少保、吏部尚書、華蓋殿大學士李賢即指出，「天津三衛要衝之區，使客往來皆取給於此，軍士困苦，亦宜增置驛站以供其役」〔註325〕。三衛軍士不僅要奔走迎送，還有供應之費，更嚴重的是由於天津地方沒有館驛，所以官員、勢要人等可以隨意徵用軍士，苛求不已，軍士由此困苦不堪，所以李賢請求增置驛站以減輕三衛軍士的負擔。然而直至成化七年三月，天津地方仍未設立館驛，兵科給事中秦崇再次請求設置館驛以便往來〔註326〕。

〔註320〕張朝琮、鄔棠：（康熙）《薊州志》卷三《賦役志·陵糈》，第 68 頁。

〔註321〕申時行：（萬曆）《明會典》卷一九九《工部十九·河渠四·天津海口新河》，第 374 頁。

〔註322〕吳文恪：《吳文恪公文集》卷三《河渠志·運河》，《四庫禁燬書叢刊》集部第 31 冊，北京：北京出版社，1997 年，第 349 頁。

〔註323〕吳道南：《吳文恪公文集》卷三《河渠志·運河》，第 350 頁。

〔註324〕《明世宗實錄》卷二九一，嘉靖二十三年十月辛卯，第 5596 頁。

〔註325〕《明憲宗實錄》卷三○，成化二年五月癸未，第 597～599 頁。

〔註326〕《明憲宗實錄》卷八九，成化七年三月乙酉，第 1727～1728 頁。

正德十二年三月，南京太監康灌、少監王釧等進貢至天津衛，索取夫價230餘兩，康灌又捽縛指揮劉良，並窘辱之，巡撫御史萬鎡以聞。太監黃偉等爲康灌、王釧進行辯護，稱康灌、王釧爲下屬所蒙蔽，且稱指揮劉良分外折送夫價，亦宜並逮。都察院議覆：「夫價出於威迫，非勇等罪，乃命俱免究，第戒今後進貢者不許擾害地方，違者重治。」〔註327〕同樣，迎送之役也使薊州的軍士也深受其害，隆慶二年正月，順天巡撫劉應節在奏疏中指出，「行邊之使相望於道，所役者邊軍，所乘者戰馬，所食者軍餉，既不能厚，又從而削之，此迎送難也」〔註328〕。

除上述各種迎送之役外，明代天津軍士所參加的規模最大迎送之役，當爲萬曆四十二年福王之國時的供奉之役。當時福王的輜重、員役分爲三運，船1200餘隻，船夫30500餘名，馬騾千騎，執事千人，規模甚是浩大。福王之國途徑直隸河間府，河間知府杜應芳借用河間衛、瀋陽中屯衛、天津左衛下班軍士5000名，又議留天津右衛赴防班軍2000名，與原來月糧合計，每名軍士發銀七錢四分。爲愼重其事，瀋陽營游擊郭登選、天津海防營參將張彥芳、右營游擊王之麒、右營游擊劉寧等均參與了這次供役的指揮、領導〔註329〕。

關於天津軍士的迎送之苦，霍韜的分析可謂深刻，「天津內接通州，外連滄州，上下各三百里，夫役兩路俱遡逆天津，原無措給，惟三衛軍士出辦夫役，或課稅贏餘之錙銖而已，臣營詢其出辦之數，每支軍糧一石扣其錢十八文，蓋扼其喉而奪之食也，且月糧有限，過客無窮，故於供需日每不足，經過人員不體恤其困苦已極，且有意外之索，如拽船夫役可十人而足，則責取二十、三十名數，仍取軍伴數人以供執事」〔註330〕。

（三）營造之役

在整個明代，參加各項土木工程是衛所軍士的經常性差役，爲敘述方便，茲將史書中所見明代天津地區衛所參加土木工程情況製成下表：

〔註327〕《明武宗實錄》卷一四七，正德十二年三月己卯，第2865頁。
〔註328〕《明穆宗實錄》卷一六，隆慶二年正月戊寅，第450～451頁。
〔註329〕杜應芳、陳士彥：（萬曆）《河間府志》卷六《典禮志・藩臨》，第8～13頁。
〔註330〕陳子龍：《明經世文編》卷一八五，霍韜《第三札救弊》，第1891頁。

表3-4　明代天津地區衛所參加土木工程概況

時間	工程	參加軍士	資料來源
永樂十三年	修建倉廠	天津三衛官軍	《新校天津衛志》卷一《建置‧倉廠》。
永樂時期	修築北京宮殿	天津衛	《明英宗實錄》卷二九四，天順二年八月己卯。
宣德三年八月	修築薊州三河橋	薊州附近軍民、工匠共同修築。	《明宣宗實錄》卷四六，宣德三年八月庚寅。
宣德八年八月至宣德九年正月	修建東店、林南二倉	薊州、鎮朔、盧龍、撫寧、東勝等十七衛軍士。	《明宣宗實錄》卷一〇四，宣德八年八月己巳；《明宣宗實錄》卷一〇八，宣德九年正月甲午。
隆慶二年	修築河西務城	「役取諸軍」	馮琦《宗伯集》卷一八《明故資德大夫正治上卿刑部尚書白川劉公暨配王夫人行狀》。
萬曆三十二年	修築天津護城堤	天津班軍	《新校天津衛志》卷一《建置‧窯灶》。
萬曆三十三年	修葺天津衛城	天津班軍	《明神宗實錄》卷四一〇，萬曆三十三年六月甲辰朔。
萬曆三十七年	修葺天津衛城	天津班軍	《明神宗實錄》卷四六一，萬曆三十七年八月庚戌。

注：上表中的時間爲史書中所見衛所軍士參加工程的時間，而並非工程的開始或結束時間。

　　除上表所列各項工程外，明代天津衛城的修築曾多次由天津駐軍來完成。天啓時期，因天津衛城損毀嚴重，天津巡撫李邦華奏請將天津班軍左衛衛城修葺的主要勞力，其依據是以往班軍曾多次進行衛城的修葺，「據道臣歷稽往牒，凡有修城大舉，率留班軍應用」。爲得到皇帝的允准，李邦華繼續說，「揆之事理，通而不礙，考之舊案，信而有徵，是在皇上之一俞允而已」〔註331〕。由此可見明代天津修築衛城時，駐軍屢被徵用，且理所當然。如萬曆三十年至萬曆三十年六孫瑋任保定巡撫期間，即曾徵用天津駐軍修葺衛城，「天津邊海屹然一重鎮也，往葺城費不下數萬，民亦苦于役派，公請移

〔註331〕李邦華：《文水李忠肅先生集》卷三《撫津荼言‧修造城垣疏》，第147～148頁。

備倭罔錢，役以營防軍士，費大省」〔註332〕。

（四）守衛之役

永樂六年二月，朱棣命平江伯陳瑄建百萬倉於直沽尹兒灣，發天津三衛旗軍萬人進行戍守〔註333〕。嘉靖《河間府志》記載，嘉靖時期天津衛、天津左衛、天津右衛實在旗軍分別爲3772人、3772人、2883人，合計10427〔註334〕。根據嘉靖《河間府志》所記天津三衛人數，再考慮到天津三衛軍士承擔有屯田、漕運、守城、班操等任務，我們對永樂時期天津三衛調發軍士萬人之眾戍衛倉儲表示懷疑，然而天津三衛軍士守衛倉廠當是事實。至宣德時期，天津三衛各建倉廠，天津衛曰大運倉，共六廠三十間；天津左衛曰大盈倉，共九廠四十五間；天津右衛曰廣備倉，共七廠三十五間〔註335〕，這些倉廠均由天津軍士進行守衛。除了以上倉儲由軍士進行守衛外，武清衛的軍士還承擔守衛大通倉的任務，嘉靖時期都御史周期雍認爲武清衛守衛大通倉的軍士多於別的軍衛，因此建議將武清衛部分軍士存留守衛大通倉，其餘軍士則遣之回衛。然而，由於這事牽扯到戶部、工部的利益紛爭，所以周期雍的建議並未被採納，武清衛軍士仍舊守衛大通倉如故〔註336〕。

自永樂時期，朱棣營造北京，於四川、江西、湖廣、浙江等地採運木料，薊州等衛也軍士被徵調，赴朝陽門外大木廠守護木料，這項差役直至正統時期仍在繼續。永樂時期每名軍士月支口糧四斗，後減爲三斗，至正統時期軍夫稱食用不敷，乞仍舊關給，行在戶部以聞，明英宗命增爲六斗〔註337〕。根據《明武宗實錄》記載，朝陽門外大木廠、崇文門外神木廠，調撥鎮朔、永平、遵化等34衛所軍士1000人護視神木，由於軍士攜家在廠，朝夕直宿，散處各衛，往來勤苦，正德三年經陳志奏請，設立神木千戶所，置千戶、所鎮撫、吏目各一員，百戶十員，旗軍月糧比之前再增四斗。至劉瑾敗後，兵部認爲神木千戶所非祖制，所以被裁革〔註338〕。

〔註332〕吳道南：《吳文恪公文集》卷一五《少司馬藍石孫公晉司徒序》，第526頁。
〔註333〕杜應芳、陳士彥：(萬曆)《河間府志》卷四《河道志·漕運道》，第18頁。
〔註334〕郜相、樊深：(嘉靖)《河間府志》卷一一《武備志·兵制》，第577～578頁。
〔註335〕薛柱斗、高必大：《新校天津衛志》卷一《建置·倉廠》，第56頁。
〔註336〕《明世宗實錄》卷一三一，嘉靖十年十月乙未，第3118～3119頁。
〔註337〕《明英宗實錄》卷六一，正統四年十一月戊午，第1162頁。
〔註338〕《明武宗實錄》卷三九，正德三年六月壬午，第919頁；卷八五，正德七年三月己巳，第1836頁。

天啟時期，太監魏忠賢勢焰薰天，天啟六年浙江巡撫潘汝禎在西湖爲魏忠賢建立生祠，之後各地紛起效尤，幾遍天下。當時天津巡撫黃運泰也對魏忠賢極盡奉承迎合，天啟七年他與保定巡撫張鳳翼、提督學政李蕃、直隸巡按倪文煥合疏稱頌魏忠賢，「冰心浴日，玉柱擎天，未雨徹桑，三韓鞏金湯之固；捐資恤士，萬軍頌醪纊之仁」，並請於河間、天津各建生祠〔註339〕，河間生祠額名仰德，天津生祠額名感仁。生祠建成後，又設置武官進行守衛，參將靳廷桂爲天津守祠官，游擊錢體乾爲河間府守祠官〔註340〕，自黃運泰始作俑者後，各地所建生祠均命官兵進行守護〔註341〕。

（五）採草之役

《明憲宗實錄》卷一七三成化十三年十二月丙午條記載，明代京操兵馬眾多，爲供應草束，朝廷命直隸天津等八衛於運糧官軍內撥出 3500 人，每年八月於草場採草，給以行糧，分爲七運，每運 20 萬束〔註342〕，每年共採運 140 萬束。《明憲宗實錄》卷二一〇成化十六年十二月辛未條的記載則更爲詳細，直隸八衛 3500 名旗軍中有 167 名看守草場，其餘 3333 名每名每年採草 420 束，共 140 萬束〔註343〕。萬曆《明會典》記載，嘉靖八年「令興州左、興州右、興州前、遵化、東勝右、忠義中、開平中、寬河、梁城等九衛所秋青草地畝銀兩改派大潤庫上納」〔註344〕，由此可知梁城所的軍士也承擔採納秋青草的差役。

關於草場分布及直隸八衛的詳細衛分，嘉靖《通州志略》記載，通州有崇教坊草場、鳴玉坊草場和花園草場共三處，均爲永樂時期設置，由後軍都督府委官一員，督領通州左衛、通州右衛、定邊衛、神武中衛、天津衛、天津左衛、天津右衛、涿鹿衛官軍采納秋青草，以備官軍領用〔註345〕。正統十一年三月，河間府靜海縣奏言，「縣東天津等衛官軍草場先被逃民龐興等占

〔註339〕《明熹宗實錄》卷八四，天啟六年七月甲申，第 4100 頁。

〔註340〕朱長祚：《玉鏡新譚》卷九《爰書》，《四庫禁燬書叢刊》史部第 71 冊，北京：北京出版社，1997 年，第 425 頁。

〔註341〕張廷玉：《明史》卷三〇六《閻鳴泰傳》，第 7869 頁。

〔註342〕《明憲宗實錄》卷一七三，成化十三年十二月丙午，第 3125 頁。

〔註343〕《明憲宗實錄》卷二一〇，成化十六年十二月辛未，第 3669～3670 頁。

〔註344〕申時行：（萬曆）《明會典》卷一七《戶部四·田土》，第 114 頁。

〔註345〕汪有執、楊行中纂修，劉宗永校點：（嘉靖）《通州志略》卷二《建置志·園苑》，第 37 頁。

種，後退還官，仍爲草場，地耕熟者一百三十餘頃，乞將撥付各戶耕種爲便」
〔註346〕，由此可知河間府靜海縣也有天津等衛官軍草場。關於靜海縣草場面
積，《明武宗實錄》記載靜海縣原額草場990餘頃，弘治時期給事中寧舉丈量
後，草場增加980餘頃，正德時期給事中高淓丈量後，又增1400餘頃〔註347〕。
《明孝宗實錄》記載，「興濟等縣草場，天津等八衛官軍歲採秋青草，殊爲未
便……宜自今歲始令官軍各回原衛，直以草場地二千八百八十餘頃給民耕種」
〔註348〕。這條史料顯示，興濟等縣也有供天津等八衛官軍採草的草場 2880
餘頃。

　　明實錄中有很多關於天津等衛官軍草場被侵佔的記載，如正統九年六
月，戶部奏言：「直隸河間府靜海、青二縣有官軍草場地，近被各處逃民託權
豪勢要之家蓋屋、占住、耕種，既不附籍當差，時復潛行劫奪，致令軍士草
束無處堆積。」〔註349〕再如前述正統十一年三月，河間府靜海縣奏言，天津
等衛官軍草場先被逃民龐興等占種，後退還官，仍爲草場〔註350〕。

　　如遇自然災害等，旗軍上納秋青草的數量會給予部分減免，其應得行糧
也會相應扣除，如成化十三年十二月，因水災減免天津等八衛該納秋青草七
分之四，行糧也住支〔註351〕。再如弘治二年十二月，以水災免天津等八衛
秋青草98萬束，其軍士採草行糧也被停支〔註352〕。成化十九年因旱災影響，
這年的332500餘束秋青草被折銀上納〔註353〕，秋青草的上納開始出現折色
形式。弘治六年，天津等八衛遭遇水災，該納秋青草改爲折納三運、本色四
運〔註354〕。

　　弘治十年二月，經戶部主事鄧明奏言，明孝宗命給事中寧舉會同戶部委
官查勘天津等八衛位於興濟等縣的草場，寧舉等還奏，「採草官軍歲費行糧八
千石，而其家又自有餘丁津貼之費，所採草歲止百四十萬束，且多齲地惡草，
馬不堪食，鬻之，三十束止得銀六、七分，徒費無益。宜自今歲始令官軍各

〔註346〕《明英宗實錄》卷一三九，正統十一年三月己丑，第2762～2763頁。
〔註347〕《明武宗實錄》卷七二，正德六年二月庚寅，第1585頁。
〔註348〕《明孝宗實錄》卷一二二，弘治十年二月癸酉朔，第2177～2178頁。
〔註349〕《明英宗實錄》卷一一七，正統九年六月癸巳，第2365～2366頁。
〔註350〕《明英宗實錄》卷一三九，正統十一年三月己丑，第2762～2763頁。
〔註351〕《明憲宗實錄》卷一七三，成化十三年十二月丙午，第3125頁。
〔註352〕《明孝宗實錄》卷三三，弘治二年十二月庚戌，第729頁。
〔註353〕《明憲宗實錄》卷二五三，成化二十年六月庚申，第4276頁。
〔註354〕《明孝宗實錄》卷九一，弘治七年八月辛酉，第1666～1667頁。

回原衛，直以草場地二千八百八十餘頃給民耕種，畝徵租銀三分，歲以十月解部，候官軍該關草時每束給銀五釐，令買草飼馬」。戶部認為寧舉等人的主張可行，並建議將通州崇教、鳴玉、花園草場地也委官丈量，撥付居民佃種，畝徵銀四分以充草價，其原設官攢人等盡行裁革。明孝宗認為以上各處草場獲草不多，徒費人力，若令民佃種，則軍既得休，民亦得養，而飼馬亦得實惠，是一舉而三得，因此通州、興濟等處草場佃於百姓耕種，天津等八衛的採草之役得以結束〔註355〕。

（六）燒窯之役

根據《新校天津衛志》記載，天津衛中所、天津衛左所、天津衛右所各有燒造官窯五座，其中中所、左所官窯坐落馬家口，右所官窯坐落衛城西門外〔註356〕。這些官窯在明代均用於燒磚修城，官窯的勞力當是天津三衛的軍士。1970年，天津修建地下工程時，出土了大量明代古磚，其上刻有「天津衛窯戶□□城磚」陰文九個字，而且根據字形判斷，這些窯戶不止一家〔註357〕。這些出土文物是明代天津三衛軍士承擔燒窯之役的直接證據。除天津三衛外，鎮朔衛軍士也有燒窯的差役，根據《明穆宗實錄》記載，內官監黑窯等廠有鎮朔等衛軍 314 人供役，至隆慶元年正月，為顯示新朝氣象，明穆宗下詔將這些供役軍士放歸原伍〔註358〕。

（七）巡哨之役

明代設有臨清、滸墅、九江、淮安、北新、揚州、河西務等鈔關，其中河西務鈔關位於武清縣境內，武清衛軍士因此被徵調巡守河西務鈔關。根據《明世宗實錄》記載，巡守河西務鈔關的武清衛軍士有 40 名，武清衛指揮賈璋認為本衛操備不足，而巡守鈔關的軍士又無實用，因此向都御史周期雍請求將巡守鈔關的軍士撤回本衛，周期雍將此議上奏朝廷。而河西務鈔關主事翁萬達則堅持巡守軍士不可撤回，周期雍、翁萬達二人因此發生衝突，周期雍彈劾翁萬達沮撓風憲，最後經戶部、工部、兵部會議後，決定武清衛軍士存留如故，不得撤回〔註359〕。

〔註355〕《明孝宗實錄》卷一二二，弘治十年二月癸酉朔，第2177～2178頁。
〔註356〕薛柱斗、高必大：《新校天津衛志》卷一《建置·窯灶》，第60頁。
〔註357〕唐石父：《挖掘明代天津衛北門甕城閒見記》，《天津史研究》，1985年第1期。
〔註358〕《明穆宗實錄》卷三，隆慶元年正月甲戌，第72～73頁。
〔註359〕《明世宗實錄》卷一三一，嘉靖十年十月乙未，第3118～3119頁。

（八）炒鐵之役

遵化是在明代著名的鐵產地，當地的軍民承擔著炒鐵的差役。宣德元年五月，經鎮守薊州、山海都督僉事陳景先奏請，於遵化衛、東勝右衛、忠義中衛、永平衛、盧龍衛、東勝左衛、薊州衛、鎮朔衛、營州右屯衛、開平中屯衛、興州右屯衛、興州前屯衛、興州左屯衛等十三衛及寬河守禦千戶所遣還操備官軍內量其多寡，應炒鐵之役，兩番更代〔註360〕。至萬曆九年三月，薊遼總督梁夢龍等題稱：「遵化鐵冶廠每年額辦課鐵二十萬八千斤，計價不過二千七百餘兩，而專設官吏，軍役等費逾萬金，宜盡行裁革，將額徵銀兩解部買鐵支用，其柴薪、車輛等項銀悉免僉派以蘇民困。」由於得不償失，所以梁夢龍的建議被採納，軍士炒鐵之役才得以結束〔註361〕。

（九）其他臨時性差役

正統六年，直隸順天府及薊州、遵化等處蝗災嚴重，明英宗敕令鎮遠侯顧興祖、安鄉伯張安、都督同知王彧、通政司右參議張隆、鎮守密雲都指揮陳亨、鎮守居庸關署都指揮僉事事指揮同知李璟、鎮守通州都指揮劉斌、大寧都司都指揮張銳等督率附近軍衛、有司，急早捕盡，不得踐傷禾麥〔註362〕。

正德、嘉靖時期，屢興大工，包括參加京操的天津三衛班軍常被徵調參加各項工役，如正德十四年十二月，撥天津三衛官軍6154員名拽運營建大木，免其春班京操〔註363〕。嘉靖三年九月，從貴州採運的大木運至天津，工部議借撥天津秋班官軍將江南大木運至京師，兵部堅持「營軍輪班操備，乃祖宗成法，謀慮深遠。頃者以操備為虛文，視官軍為人匠，諸所興作，動輒借撥，以致行伍日耗，武備日弛，萬一有警，調用不足，咎將誰歸？況今殿已完，木運可緩」〔註364〕。明世宗採納了兵部的建言，天津秋班官軍才免於借撥。然而，天津軍士並不是總是如此幸運，嘉靖二十二年由於督運廟木遲緩，天津兵備副使王機被罰俸兩個月，指揮王鉞、佟守也被逮問〔註365〕。

〔註360〕《明宣宗實錄》卷一七，宣德元年五月丁酉，第453～454頁。
〔註361〕《明神宗實錄》卷一一○，萬曆九年三月甲戌，第2109頁。
〔註362〕《明英宗實錄》卷七九，正統六年五月庚戌，第1565～1566頁。
〔註363〕《明武宗實錄》卷一八一，正德十四年十二月癸未，第3516～3517頁。
〔註364〕《明世宗實錄》卷四三，嘉靖三年九月甲申，第1127頁。
〔註365〕《明世宗實錄》卷二八○，嘉靖二十二年十一月丙午，第5451頁。

二、差役之弊

正德時期，天津各衛的差役已相當繁重，兵備副使蔣曙曾說：「奈何旗軍、餘舍雖二萬有奇，而辦銀當差所餘無幾，巡捕馬匹僅百有五十，而倒死追賠方才過半，雖欲大振軍威而自弗能庸其力者矣。況此又當河濟之衝，舟楫必由之路，人夫之接遞無虛日，顧值之追償無盡期，殆亦毒賦之蛇、苛政之虎，為第一重患，而不欲以盡言者，則困苦從可知己。夫天津三衛實東南藩籬，京師羽翼，今差役若是其繁重，營伍若是其空虛，平居尚不能支，有急將何以為禦哉？」根據蔣曙的統計，天津三衛正軍、餘丁，除京操、運量之外，南、北修河淺夫正、幫餘丁1522名，官倉斗級正軍、餘丁255名，指揮、千戶、百戶等官例該軍伴餘丁 555 名，禁庫看守、神木後府、臨清遮洋、工部等廠正軍、餘丁 795 名，辦納軍器、顏料、黃穰苗、冰窖、蘆葦、木炭、儒學齋夫均徭等項銀共 3193 兩 2 錢，用去上、中、下三等九則餘丁 5354 名，此外止遺餘丁 700 名在衛守城。蔣曙因此慨歎說：「夫以襟喉之重鎮而僅存數百之餘丁，間有他故，不能盡數為用，列不成行，聚不成隊，何以振軍威而懾服奸頑也哉，是亦可以寒心也已。」〔註366〕天啓時期，戶部尚書汪應蛟也在奏疏中說，薊州軍士「役占多而差使頻，技作煩而扣?困」〔註367〕，由此可見當時軍士差役的繁重不堪。

關於軍官占役軍丁，正德時期天津兵備副使蔣曙說，天津三衛指揮、千戶、百戶等官例該軍伴餘丁 555 名〔註368〕。李邦華任天津巡撫時期，對軍官佔用兵丁之弊有深刻分析，「有事未必能催鋒陷鎮，無事頗習於養尊市重」，軍官佔用兵丁，少者數十，多者百計，而且冒領軍士月餉以充私橐。遇到查點之時，「非詭開差遣疾病，則臨期雇倩代替耳，兵數之缺實本於此」。針對這種弊端，李邦華首先將巡撫衙門中應役的 60 餘名兵丁悉發還營，三、六、九日下營訓練時，李邦華也不用儀從。然後李邦華規定了各級軍官跟役的數目，副總兵每千人中撥 10 人以給事，參將、研究限以 24 人，都司限以 16 人，守備限以 12 人，中軍千總限以 10 人，分司千總限以 8 人。而且這些跟役均

〔註366〕陳子龍：《明經世文編》卷一七五，蔣曙《興革利弊疏》，第 1779～1780 頁。

〔註367〕汪應蛟：《計部奏疏》卷三《陵京重地疏》，《續修四庫全書》第 480 冊，上海：上海古籍出版社，2002 年，第 595 頁。

〔註368〕陳子龍：《明經世文編》卷一七五，蔣曙《興革利弊疏天津事宜》，第 1780 頁。

於兵外召募，不再以兵充數，每月初三挈點一次，以查營伍虛實〔註369〕。

不僅正軍要供應各項差役，軍餘也同樣被派差役。成化時期，少保、吏部尚書、華蓋殿大學士李賢根據自己親自所見情況，深有感觸地說天津三衛軍餘差役繁重，不得休息〔註370〕。根據《天津府志》記載，「向來衛軍家有餘丁，雖幼稚亦按九則派役，甚有身死名存，按籍徵發者，軍不能支，率多逃遁」。至崇禎時期，張星任天津清軍同知，惻念軍士之苦，請援照保定衛例，只令一丁輪徭，其餘徭役則攤歸軍畝，天津各衛軍士的徭役負擔才得以減輕〔註371〕。

〔註369〕李邦華：《文水李忠肅先生集》卷三《撫津荼言·條陳兵政疏》，第102～103頁。

〔註370〕《明憲宗實錄》卷三○，成化二年五月癸未，第597～599頁。

〔註371〕李梅賓、吳廷華：（乾隆）《天津府志》卷二○《名宦志》，第303頁。

第四章　明代天津地區駐軍的武器裝備

第一節　明代天津地區駐軍的武器

　　正德時期，整飭天津兵備副使蔣曙稱，天津三衛每衛每年「額造明盔八十頂、樺帽八十頂、茜紅纓八十個、攀全一百六十條、青布齊腰鐵甲八十副、弓八十張、白絲弓弦一百六十條、箭二千四百枝、撒袋八十副、撒鞬袋八十條、斬馬刀六十把、刀鞬袋六十條、腰刀八十把、青線挽手八十條、刀鞬袋八十條、圓牌四十面，該顏料銀四百六十九兩五錢，以三衛計之，共該顏料銀一千三百八十四兩二錢，俱係均徭餘丁逐年辦納，並無有司相兼料造」。以上是天津三衛成造軍器的情況，所需顏料銀均由天津三衛餘丁逐年辦納，導致三衛軍丁困苦不堪〔註1〕。根據明實錄記載，最晚從成化時期開始，衛所成造軍器的費用已按照軍三、民七的比例分擔，即衛所承擔 30%，地方州縣承擔 70%〔註2〕。當時保定左衛、保定右衛、保定中衛、保定前衛、保定後衛、茂山衛成造軍器均自保定府領料，河間衛、大同中屯衛、瀋陽中屯衛、滄州守禦千戶所成造軍器均自河間府領料，軍三民七，相兼成造。天津三衛與上述衛所均屬直隸地區，而成造軍器的負擔卻相差甚遠，因此整飭天津兵備副使蔣曙建議由撫按衙門查審直隸均徭稍輕之府，與天津三衛按照三、七之例負擔成造軍器費用，或者將天津三衛成造軍器的數量減半，以蘇軍丁之困〔註3〕。

〔註1〕陳子龍：《明經世文編》卷一七五，蔣曙《興革利弊疏》，第 1781～1782 頁。
〔註2〕《明憲宗實錄》卷一四五，成化十一年九月辛未，第 2679 頁。
〔註3〕陳子龍：《明經世文編》卷一七五，蔣曙《興革利弊疏》，第 1782 頁。

　　天津三衛成造的軍器除部分存留外，要解京交納。弘治以前，天下都司衛所造完軍器解至京師，皆貯之九門城樓，以便關領。至弘治時期，經內官監太監陳良奏請，各都司衛所造完軍器改送內庫交收，內臣因此留難需索，費用不貲〔註4〕。關於軍器解納之苦，正德時期整飭天津兵備副使蔣曙有如下記述，「今年未解而明年適至，況起解交納又有不忍言者」〔註5〕。除交納軍器外，各衛所還要向工部交納製造軍器銀兩，根據萬曆《河間府志》記載，天津三衛每年解納製造軍器銀337.272兩〔註6〕。

　　《四鎮三關志》記載有薊鎮配備的各類武器，如下表所示：

表4-1　《四鎮三關志》中所載薊鎮各類武器

	兵器	火器	車
薊鎮武器	盔、甲、腰刀、鐵槍、團牌、弓、箭、钂鈀、倭刀、長槍、狼筅、藤牌、木棍、木神箭	大將軍、二將軍、三將軍、無敵大將軍、快槍、大佛郎機、三眼銃、四眼銃、虎蹲炮、火箭盤槍、碗口炮、石炮、炸炮、鳥嘴銃、夾鈀銃、火箭、飛槍、飛刀、飛箭	偏箱車、輕車、元戎車、輜重車、無敵大將軍車、火箭車、望車、鼓車

注：上表根據劉效祖《四鎮三關志》卷三《軍旅考・薊鎮軍旅》製成。

　　根據劉效祖所言，薊鎮主兵常用的軍器爲弓矢、機銃，自南兵戍守薊鎮後，薊鎮開始增置倭刀、狼筅、钂鈀、藤牌等武器〔註7〕，這些武器爲禦倭利器，使薊鎮軍隊的戰鬥力明顯增強。以上《四鎮三關志》中所載薊鎮各種武器，大致反應了明代薊州駐軍的武器情況，今天津薊縣黃崖關長城博物館收藏的明代武器有刀、矛、槍、箭等冷兵器，也有石炮、鐵炮、鐵彈丸、磁蒺藜等火器。特別值得一提的是，黃崖關長城博物館藏有佛郎機中樣銅鎮筒、佛郎機中樣銅銃兩件較爲完整的明代火器，其中佛郎機中樣銅鎮筒刻有「勝字貳千伍百柒拾陸號佛郎機中樣銅鎮筒，嘉靖甲辰年兵仗局造」、「重伍拾伍斤」字樣，佛郎機中樣銅銃刻有「勝字壹萬柒千壹百拾肆號佛郎機中樣銅銃，萬曆二年兵仗局造」、「重捌斤拾兩」字樣，這兩件火器均由兵仗局製造，一

〔註4〕《明孝宗實錄》卷一六八，弘治十三年十一月己巳，第3054頁。
〔註5〕陳子龍：《明經世文編》卷一七五，蔣曙《興革利弊疏》，第1782頁。
〔註6〕杜應芳、陳士彥：（萬曆）《河間府志》卷五《貢賦志・各項錢糧》，第80頁。
〔註7〕劉效祖：《四鎮三關志》卷三《軍旅考・薊鎮軍旅》，第102頁。

個造於嘉靖二十三年，另一個造於萬曆二年。由此可見明代薊州所用佛郎機由兵仗局製造、配發，爲保證對佛郎機的監管，佛郎機均編有字型大小，並且刻上製造年份、武器重量，管理可謂相當嚴格。

神機銃、炮具有較強的作戰威力，明代對神機銃、炮的使用管理甚嚴，朝廷特命內官於各處提督神機銃、炮，遇有賊寇，相機取用。正統八年十二月，針對各邊將神機銃、炮分散於墩堡的狀況，爲加強對神機銃炮的管理，明英宗在敕書中說，神機銃、炮爲「機密軍器，守城破敵，用無不克，分散各處則勢寡力弱。自今惟要害屯兵之處量撥操習備用，他所不得仍前分撥」〔註8〕。萬曆二年三月，由薊遼總督劉應節奏請，於盔甲廠動支鐵佛朗機 2000 架、鳥銃 400 副、夾把槍 2000 杆，及隨用子銃、鉛彈、火藥、藥線等，由薊鎮差官領回使用〔註9〕。

戚繼光在《練兵實紀》中記錄了空心敵臺配備武器的情況，「每臺一座設備軍火器械什物：佛郎機八架，子銃七十二門，鐵閂二十四根，鐵錘八把，鐵剪八件，鐵錐八件，藥匙八件，鐵送八根，圓木座八個，木梃八根，合口鉛子二千一百六十個，神快槍八杆，合口鉛子四百八十個，木馬子四百八十個，錘八把，鎚八把，剪八把，藥匙八件，藥碗八個，火藥四百斤，火繩二十根，火箭五百枝，鐵頂尖棍八根，鑼一面，鼓一面，旗一面，木梆一具，大小甕四口。石炮五十位，河光大石四百塊，河光小石四千塊，煤炒二石，食米十石，鍋二口」〔註10〕。至萬曆九年，薊鎮空心敵臺有上千座，未必每座空心敵臺配備武器的種類、數量均如《練兵實紀》所記載的那樣，然而《練兵實紀》應該基本反映了空心敵臺的武器配備情況，天津薊縣現存空心敵臺 44 座，當時其武器配備情況應該與《練兵實紀》中的記載相去不遠。

萬曆二十四年八月，原任兗州府通判華光大疏奏，其父華富曾製有一種神異火器，兵部職方清吏司試驗後，認爲這種火器可用於實戰。根據華光大所言，水戰時大船不必挽槳，止用二人潛以盤水車飛輪攪之，一船可燒敵船百艘，華光大建議天津海口增置這種新式火器，以加強備禦〔註11〕。

〔註8〕《明英宗實錄》卷一一一，正統八年十二月戊戌，第 2238～2239 頁。
〔註9〕《明神宗實錄》卷二三，萬曆二年三月辛丑，第 607～608 頁。
〔註10〕戚繼光：《練兵實紀》卷六《車步騎營陣解下》，第 868 頁。
〔註11〕《明神宗實錄》卷三〇〇，萬曆二十四年八月戊戌，第 5616 頁。

　　李邦華任天津巡撫時，曾製造一種輕便的戰車，與當時的武剛車比較，李邦華所造新式戰車有如下優勢：一、體積小，能容納三輛武剛車的庫房，若換做這種新式戰車，則可容納百輛；二行動便利，李邦華所造新式戰車，一人即可負之而趨，而武剛車卻較為笨重，不便推挽，若時逢雨雪，地逢溝澗，一步也不能前進；三造價低廉。崇禎時期，李邦華協理京營戎政時，科、道官員和京營將領見到這種新式戰車，均認為這種戰車便利可用且費用很少，因此李邦華建議京營中製造 1000 輛新式戰車〔註12〕。

　　隆慶初年，兵科都給事中張鹵說，當時公家所造軍器，鐵刃不鋼，筋膠不固，式樣不同，軍中用之不過以為觀望、送迎之具。公家歲出數萬之資以造軍器，欲使軍自為備，結果其費徒委溪壑。而當時都督同知戚繼光命家丁所造軍器率多銳利精堅，一可當百〔註13〕。

　　根據防海需要，永樂時期大規模製造各種戰船，裝備部隊，並將出海巡哨制度化。根據《天津府志》的記載，「沿海衛所每千戶所設備倭船十隻，每百戶船一隻，每衛百所共船五十隻，每船旗軍一，百戶春夏出哨，秋冬回守，月支行糧四斗，有虧折，有司補造，損壞者軍自修理」〔註14〕。

　　天津海防沿線裝備有大將軍、虎蹲、滅虜、湧珠、馬腿、鳥嘴、佛郎機、三眼等火器，又從江南置買筤筅、長槍等禦倭利器，分發各處。偏廂車、鹿角等在戰時具有守禦作用，經略宋應昌也命令多多製造，分撥各處〔註15〕。由於倭奴跣足，除大將軍、虎蹲、滅虜等火器外，能扼其奔突、制其跳躍者，當為鐵蒺藜、木椿等器〔註16〕。萬曆二十年九月，經略宋應昌命天津等處打造鐵蒺藜，州縣以守城甲兵，衛所以見在軍士，每人給與 40 個，每 10 穿成一串，總用長繩繫之，如若日軍登陸內犯，則臨時將鐵蒺藜撒地刺戳〔註17〕。萬曆二十年十一月，宋應昌又命河間府分派所屬州縣製造鐵蒺藜、菱角、大

〔註12〕 李邦華：《文水李忠肅先生集》卷四《詰戎韋府·條陳京營積弊疏》，第 164～165 頁。

〔註13〕 陳子龍：《明經世文編》卷三六四，張鹵《獻愚忠以預飭防秋大計疏》，第 3930～3931 頁。

〔註14〕 李梅賓、吳廷華：（乾隆）《天津府志》卷一五《兵制志》，第 249 頁。

〔註15〕 宋應昌：《經略復國要編》卷一《檄天津永平山東遼東各兵巡分守等十二道》，第 26 頁。

〔註16〕 宋應昌：《經略復國要編》卷三《議題水戰陸戰疏》，第 55 頁。

〔註17〕 宋應昌：《經略復國要編》卷一《檄天津遼東等八道》，第 28 頁。

木排椿等，或解赴天津，或解赴滄、鹽等處收貯，俟臨期掘坑，如法布置，設伏截殺〔註18〕。

　　援朝禦倭戰爭結束後，天津開始撤兵、裁官，大量武器也棄而不用，如天津巡撫翟鳳翀所言，「往日汰兵，所遺見貯各城門樓，但堪用者少，破敝鏽澀者多」〔註19〕。李邦華任天津巡撫時，天津軍費拮据，「津門名為有兵，而盔甲、器械、戰舡、馬匹百爾缺乏，臣日夜督工置造，遣官收買，總之倚前六七千金為命，今一行借出，則匹馬不入，百工罷局，臣有束手待盡耳」〔註20〕。當時議定募兵、買馬之費八萬兩取之兵部，造船、製械之費八萬兩取之工部。為增強軍事力量，李邦華命軍匠製造三眼、雙頭銃炮2000杆，腰刀3000口，鋒槍2000柄，弓矢1000副，火箭10000枝，狼牙棒、追風矛1000執，俾居不為戰鬥之戲，出不作空拳之搏，約用銀3600餘兩；監製精鎧600副、盔600頂、鬥魔面甲600具，俾矢射之而折，劍擊之而缺，蓋約價2200餘兩；造藤牌300面、挨牌800面，益以拒馬之架400副，則分之人各為御者，合之眾共為御，似城而有腳，似車而不輪，可省推挽之勞而不殊車營之用，此軍中簡便奇器，約價500餘兩；造滅虜大炮100位，佛郎機50位，子炮570提，鐵子、蒺藜各數十萬，又置成火藥十萬餘斤，約價2000餘兩；又出3500金買馬以供陸兵之騎操，出2000金買船修艙以備海口之防禦，出數百金製旗幟以壯軍中之觀瞻，又增造藤盔600餘頂、綿甲500餘副以供水師之衝擊。當時津門四面城樓舊貯甲仗，而連歲出海，水兵取用一空，李邦華令人盤查，獲得成化、弘治以來破甲、敗箭、殘旗、廢械若干，截長以續短，增新以飾舊，綴缺以成完，於是有鐵甲1500副，鐵盔650頂，群蜂手銃210餘，單銃450餘，鳥槍220餘，火箭21000餘，竹箭32000餘，將軍、虎蹲、盞口、百子、佛郎機各炮180餘位，鐵銃160餘杆、撒袋600副，這些軍器計值不下七八千金，而修理之費僅可700餘金，不到10%，由此可見李邦華節縮之大概〔註21〕。

〔註18〕　宋應昌：《經略復國要編》卷三《議題水戰陸戰疏》，第55頁。
〔註19〕　《崇禎長編》卷三二，崇禎三年三月乙酉，第1822~1823頁。
〔註20〕　李邦華：《文水李忠肅先生集》卷三《撫津茶言·再催兵餉疏》，第122頁。
〔註21〕　李邦華：《文水李忠肅先生集》卷三《撫津茶言·催請軍需疏》，第140~141頁。

第二節　明代天津地區的軍馬

　　明代自洪武時期，即命衛所軍士養馬，洪武二十三年令飛熊、廣武、英武等衛，每五戶養馬一匹〔註22〕。《明太宗實錄》記載，永樂十四年九月，北京行太僕寺卿楊砥奏言，「薊州以東至山海諸衛，土地寬廣，水草豐美，其屯糧軍士亦宜人養種馬一匹，歲子粒亦免其半」。朱棣認爲既責令軍士孳牧，則不可復徵子粒，於是薊州至山海諸衛屯軍人養種馬一匹〔註23〕。萬曆《明會典》也記載，永樂十四年令薊州、山海諸衛屯軍每人養種馬一匹，免納子粒，其中武清衛、薊州衛、鎮朔衛、營州右屯衛原額種馬各五匹，每衛指揮一員，各所千戶、百戶一員專管孳牧。明代南、北直隸衛所養馬，分屬南、北太僕寺領導〔註24〕，薊州衛、鎮朔衛、營州右屯衛養馬，由北太僕寺領導，由順天府馬政廳具體管理〔註25〕。

　　永樂十七年，牧馬蕃息，草場不足，朱棣命都督僉事吳成、兵部尚書趙羾往視口北宜牧之地〔註26〕。經過勘察，吳成奏言保安州順聖川適宜牧馬，朱棣遂命先以馬千匹於順聖川試養，至永樂十九年正月，朱棣命命薊州、懷來衛各以馬千匹，宣府等衛以馬萬匹，於順聖川牧養〔註27〕。至天順時期，由於胡虜窺邊，順聖川牧馬草場已經荒廢。天順三年九月，明英宗命兵部於順聖川修築城堡、房屋，仍舊養馬，兵部尚書馬昂奏請命戶部、工部派遣官員檢核草場，計度木料，並令太僕寺揀選種馬，撥給軍丁牧養，得到明英宗採納〔註28〕。

　　《明宣宗實錄》記載，宣德時期占役軍士現象嚴重，以致薊州等處有一軍養馬五、六匹至七、八匹者，勞苦特甚。宣德五年八月，經行在兵部建言，將所養馬匹令山海以西守邊步卒分養〔註29〕。天津路當衝要，三衛軍士供役繁重，所以無力養馬，宣德八年天津三衛奏請將所牧馬匹轉給河間府所屬州

〔註22〕　《明太祖實錄》卷一九九，洪武二十三年正月癸巳，第2991頁。
〔註23〕　《明太宗實錄》卷一八〇，永樂十四年九月己亥，第1956～1957頁。
〔註24〕　申時行：（萬曆）《明會典》卷一五〇《兵部三十三・馬政一・軍衛孳牧》，第770頁。
〔註25〕　沈應文、張元芳：（萬曆）《順天府志》卷四《政事志》，第177頁。
〔註26〕　《明太宗實錄》卷二百八，永樂十七年正月壬申，第2121頁。
〔註27〕　《明太宗實錄》卷二三三，永樂十九年正月丙子，第2249～2250頁。
〔註28〕　《明英宗實錄》卷三〇七，天順三年九月辛巳，第6461頁。
〔註29〕　《明宣宗實錄》卷六九，宣德五年八月庚午，第1616頁。

縣民戶牧養,得到明宣宗允准〔註30〕。

各種史書對明代天津地區軍馬配置情況有所記載,現根據相關史料將明代天津地區軍馬配置情況製成下表:

表4-2 明代天津地區軍馬配置情況

	馬(匹)	騾(匹)	資料來源
天津班軍營	23	0	《四鎮三關志》卷五《騎乘考·薊鎮騎乘》
薊州城守營	97	0	
保河民兵營	210	790	
河南班軍營	25	0	
	22	288	

明代天津地區軍馬由太僕寺直接兌給馬匹,或者由太僕寺發給馬價銀進行買補。關於薊州買馬地域,《四鎮三關志》記載,「本鎮無互市,隆慶五年總督劉應節、巡撫楊兆始議以價就遼東、宣大等鎮收買胡馬給各營路」〔註31〕。如萬曆二年八月,宣大總督方逢時建議將薊鎮每年買馬 1200 匹,再增加 1000 匹,保真各營缺馬,即赴薊鎮收買。兵部認爲薊鎮倒失馬匹每年於秋防畢日方行計數,難以預擬 1000 之額,由該鎮請給時酌議〔註32〕。《明神宗實錄》記載,萬曆三年十月,朝廷撥給薊鎮太僕寺馬價銀 18000 兩,於宣鎮買馬以備給補〔註33〕,由此可知宣鎮市馬是薊鎮軍馬的重要來源。此外,有部分軍馬來自少數民族進貢,如成化二十二年九月,朝廷將薊州、遼東、陝西、甘肅、寧夏、四川、雲南、貴州各邊夷人進貢馬匹,存留給軍,各總兵、巡撫每年造冊類報以憑稽考〔註34〕。

明代各邊均配有戰馬,明實錄中記載有太僕寺發給天津地區軍馬、馬價銀的情況,如下表所示:

〔註30〕 《明宣宗實錄》卷一〇五,宣德八年閏八月癸丑,第2343頁。
〔註31〕 劉效祖:《四鎮三關志》卷五《騎乘考·薊鎮騎乘》,第141頁。
〔註32〕 《明神宗實錄》卷二八,萬曆二年八月丁卯,第696～698頁。
〔註33〕 《明神宗實錄》卷四三,萬曆三年十月丙寅,第963～964頁。
〔註34〕 《明憲宗實錄》卷二八二,成化二十二年九月甲寅,第4761頁。

表4-3　明代天津地區撥給軍馬、馬價銀概況

時間	撥給範圍	撥給數量	資料來源
正統四年閏二月	薊州、永平、山海等衛所官軍	馬 2500 匹	《明英宗實錄》卷五二，正統四年閏二月己亥。
正統六年十二月	薊州、永平、山海等處備邊官軍	馬 2800 餘匹	《明英宗實錄》卷八七，正統六年十二月戊戌。
正統七年八月	薊州、永平、山海等處	馬 2000 匹	《明英宗實錄》卷九五，正統七年八月乙卯。
正統十年二月	薊州、永平、山海等處官軍	馬 904 匹	《明英宗實錄》卷一二六，正統十年二月乙丑。
景泰元年正月	薊州、永平等處官軍	馬 1000 匹	《明英宗實錄》卷一八七，景泰元年正月甲申。
景泰二年二月	薊州、永平、山海等處官軍	馬 1000 匹	《明英宗實錄》卷二〇一，景泰二年二月癸酉。
景泰三年正月	薊州、永平、山海等處官軍	馬 1000 匹	《明英宗實錄》卷二一二，景泰三年春正月丙辰。
景泰三年九月	薊州、永平、山海等處官軍	馬 1000 匹	《明英宗實錄》卷二二〇，景泰三年九月己亥。
景泰七年三月	薊州、永平等處操守官軍	馬 700 匹	《明英宗實錄》卷二六四，景泰七年三月壬辰。
天順五年九月	薊州、永平、山海等處	馬 3000 匹	《明英宗實錄》卷三三二，天順五年九月己亥。
嘉靖二年閏四月	薊州	馬 100 匹	《明世宗實錄》卷二六，嘉靖二年閏四月乙卯。
嘉靖十三年二月	薊州	馬價銀 3 萬兩	《明世宗實錄》卷一五九，嘉靖十三年二月乙酉。
嘉靖二十九年七月	薊鎮	馬 1500 匹、馬價銀 19500 兩	《明世宗實錄》卷三六三，嘉靖二十九年七月乙卯。
嘉靖三十年正月	薊鎮	馬 5000 匹、馬價銀 6 萬兩	《明世宗實錄》卷三六九，嘉靖三十年正月己丑朔。
嘉靖三十七年正月	薊鎮	馬價銀 2 萬兩	《明世宗實錄》卷四五五，嘉靖三十七年正月癸亥。
嘉靖三十八年七月	薊鎮	馬 3027 匹	《明世宗實錄》卷四七四，嘉靖三十八年七月壬申。
隆慶元年九月	薊鎮	馬 1180 匹	《明穆宗實錄》卷一二，隆慶元年九月丙辰。

隆慶二年正月	薊鎮	馬 1500 匹	《明穆宗實錄》卷一六，隆慶二年正月戊辰。
隆慶二年三月	薊鎮	馬 650 匹、馬價銀 7800 兩	《明穆宗實錄》卷一八，隆慶二年三月乙卯。
隆慶六年九月	薊鎮	馬價銀 15000 兩	《明神宗實錄》卷五，隆慶六年九月甲申朔。
萬曆元年九月	薊鎮	馬價銀 7212 兩	《明神宗實錄》卷一七，萬曆元年九月辛卯。
萬曆元年十一月	薊遼軍門	馬 1000 匹、馬價銀 10800 餘兩	《明神宗實錄》卷一九，萬曆元年十一月辛巳。
萬曆三年十月	薊、昌二鎮	馬 1000 匹、馬價銀 18000 兩	《明神宗實錄》卷四三，萬曆三年十月丙寅。
萬曆四年十月	薊、昌二鎮	馬 1000 匹、馬價銀 18000 兩	《明神宗實錄》卷五五，萬曆四年十月癸丑。
萬曆八年九月	薊、昌二鎮	馬 1000 匹、馬價銀 15000 兩	《明神宗實錄》卷一〇四，萬曆八年九月丙戌。
萬曆九年十月	薊、昌二鎮	馬 1000 匹、馬價銀 15000 兩	《明神宗實錄》卷一一七，萬曆九年十月辛丑。
天啓元年七月	天津道	馬 231 匹	《明熹宗實錄》卷一二，天啓元年七月乙丑。

注：薊州在明代爲薊鎮馬蘭路防禦體系一部分，上表所列撥給薊州軍馬、馬價銀的記載，均可能包括薊州在内。對於明實錄中可以確定的、非撥給薊州駐軍軍馬、馬價銀的記載，上表均未收錄。

　　根據肖立軍先生的研究，就明代九邊平均而論，馬軍約占邊軍總數的 1／3〔註35〕。《明世宗實錄》記載，嘉靖三十八年六月，薊遼總督楊博稱：「薊鎮以守爲主，用步宜多，用馬宜少，其宣大入衛遊兵三營，每營止用馬兵五百以備追逐，其餘二千五百盡用步兵，請飭各守巡官精選驍健，每營務足三千，如法操演，聽候徵調，多餘馬匹暫收別營，候軍還，仍歸原伍。」楊博的建議被明世宗採納〔註36〕。根據上述史料，薊鎮馬軍約占邊軍總數的 1／6。

　　關於軍馬的草料供給，薊州、永平、山海等處騎操軍馬每年冬季發給穀草、餉秣，後來戶部爲增加庫存，不復支給穀草、餉秣，導致馬多瘦損。景

〔註35〕 肖立軍：《明代省鎮營兵制與地方秩序》第六章《裝備與糧餉：明代省鎮軍隊的後勤供應》，第 329 頁。
〔註36〕 《明世宗實錄》卷四七三，嘉靖三十八年六月己未，第 7945～7946 頁。

泰六年八月，經提督山海等關右副都御史李賓奏言，薊州、永平、山海等處騎操軍馬每年照舊支給穀草、餉秣〔註37〕。成化二十一年九月，經總督漕運右都御史馬文升奏請，薊州、永平、山海等處騎操軍馬每年二月支豆，十月支草〔註38〕。弘治四年二月，光祿寺少卿張禎叔奏言：「陝西榆林、寧夏等邊場馬草陳積，日至浥爛，請如薊州例，給與官軍，每穀草一束準料三升，秋青草一束準料一升。」張禎叔的建議被採納、施行。由此可見，某些情況下軍馬草束會充作軍餉，折給軍士。

關於天津軍馬數量，正德時期整飭天津兵備副使蔣曙說，天津三衛僅有巡捕馬匹150匹，而倒死追賠過半〔註39〕。崇禎二年十二月，各路軍馬入衛京師，其中天津部院崔爾進親督官軍韓嗣增所率軍隊有馬騾75匹、頭，天津副將劉國柱所領官兵有馬345匹，天津海防營參將宗餘蔭所領官軍有馬騾30匹、頭，三支軍隊的馬、騾共計450匹、頭〔註40〕。崇禎三年三月，天津巡撫翟鳳翀在奏疏中說，天津額定軍馬410匹，而當時各營存馬不足300匹，所以翟鳳翀只有亟行添買，新、舊馬匹共得1000餘匹，才能供作戰之用〔註41〕。

如果軍馬倒死，則要對領養軍士進行懲罰，並由軍士湊銀買馬賠補，稱爲椿頭銀、朋合銀，這成爲軍士的一項沉重負擔。關於薊州椿頭銀、朋合銀的具體規定，《四鎮三關志》有如下記載，「本鎮馬匹自建營伍兌給後，歲有倒死，俱責本軍賠補，如十年以上齒衰膘瘠，對敵陣亡，逐北走傷，出哨倒死，或餵養善，膘齒壯，忽生暴疾，醫救不及者，預告查實，止追肉髒並椿銀一兩五錢。五年已上原膘齒肥壯，餵養不善，以致瘦死者，追肉髒外，仍追椿銀二兩五錢。五年以下死者，追肉髒外，追椿銀三兩。除追本軍死馬肉髒、椿銀，餘價每二月一會計，通融其數均攤於眾。在各路通計一營，在各提調通計一提，在各標下通計各部，凡繫馬軍公朋買補，每匹朋銀十兩。近總督劉應節、巡撫楊兆題議分爲四季，一季發帑銀市夷馬，一季太僕寺兌給，一季椿銀，一季朋銀，計倒死之數補足」〔註42〕。嘉靖三十四年四月，兵部尚書楊博上言馬政八事，其中之一爲「邊軍缺馬，照例於各寺孳牧馬內取給，

〔註37〕《明英宗實錄》卷二五七，景泰六年八月己未，第5534頁。
〔註38〕《明憲宗實錄》卷二七○，成化二十一年九月辛未，第4568～4569頁
〔註39〕陳子龍：《明經世文編》卷一七五，蔣曙《興革利弊疏》，第1779頁。
〔註40〕畢自嚴：《度支奏議》卷一○《遵旨查明援兵實數疏》，第419～421頁。
〔註41〕《崇禎長編》卷三二，崇禎三年三月乙酉，第1822～1823頁。
〔註42〕劉效祖：《四鎮三關志》卷五《騎乘考·薊鎮騎乘》，第146頁。

並追徵椿朋、地畝銀兩買補，不得輕請馬價」〔註43〕。隆慶六年九月，薊遼總督劉應節稱，撫夷、買馬導致薊鎮主兵困苦不堪，根據劉應節所言，「昌、薊二鎮倒損馬匹，一歲約用銀四萬九千六百八十餘兩，若遇警追賊，復不止此數，非扣取月糧，安從買補」。因此，劉應節建言，由太僕寺每年撥給薊鎮寄養馬 2500 匹，或者將應俵馬內照數改折，每匹解銀 24 兩，一半給軍買馬，一半存貯太僕寺庫，其餘不敷馬價由薊鎮量行採辦，以佐買補。經戶、兵二部會議後，增給薊鎮撫賞、馬價銀各 15000 兩〔註44〕。關於兵丁賠補馬匹的負擔，劉效祖在《四鎮三關志》中說，「兌給未久而馬玄黃，賠補未完而卒逃匿，是兵不得馬之利，而馬反爲兵之害矣，可勝慨哉」〔註45〕。在某些情況下，朝廷會開恩將朋椿銀蠲免，如景泰六年十二月，由於歲歉人艱，朝廷蠲免薊州、永平、山海等處軍士應償官馬 2960 餘匹〔註46〕。隆慶二年正月，順天巡撫劉應節奏言邊防五大弊病，其中之一爲「養馬折銀歲不過八、九錢，而馬死責償或四、五兩，此養馬難也」〔註47〕。

除薊州外，天津三衛軍馬也由太僕寺撥給。正德時期，劉六、劉七所率軍隊橫掃北直隸地區。當時天津三衛所領太僕寺馬多死者，爲平定叛亂，整飭天津兵備太僕寺少卿陳天祥奏請太僕寺再撥給馬匹，俟盜平還官〔註48〕。

關於天津各營馬騾的情況，汪應蛟有詳細計算，太僕寺兌發過馬 1057 匹，又買過馬、騾 1395 匹頭，共 2452 匹頭，其中萬世德經略朝鮮時帶走馬、騾 684 匹頭，先後倒死 218 匹頭，變賣老病兒騍馬 67 匹，兌過薊、保兩鎮馬 907 匹，另追過椿朋買補 64 匹，實在馬、騾 640 匹頭。除家丁留騎 300 匹，天津左、右兩營 150 匹頭，仍剩 190 匹頭，除標下雜流傳報用馬騾 40 匹頭，實剩馬 150 匹。由於家丁、力士分別補入眞定和民兵各營，其月餉不再編派，裁去馬匹的草料同樣得以節省，汪應蛟計算這樣每年可以省銀 22000 餘兩。天津左、右兩營剩餘馬、騾 150 匹頭，則按照先年舊規和河間三營事例，於餉司支給草料〔註49〕。

〔註43〕《明世宗實錄》卷四二一，嘉靖三十四年四月甲申，第 7303 頁。
〔註44〕《明神宗實錄》卷五，隆慶六年九月甲申朔，第 185～186 頁。
〔註45〕劉效祖：《四鎮三關志》卷五《騎乘考・四鎮騎乘總論》，第 135 頁。
〔註46〕《明英宗實錄》卷二六一，景泰六年十二月乙丑，第 5588 頁。
〔註47〕《明穆宗實錄》卷一六，隆慶二年正月戊寅，第 450 頁。
〔註48〕《明武宗實錄》卷七八，正德六年八月戊寅朔，第 1704～1705 頁。
〔註49〕汪應蛟：《海防奏疏》卷二《酌議海防未盡事宜疏》，第 406 頁。